VEILLÉES D'UN VIEUX RÉPARTITEUR DE CAMPAGNE.

PETIT CODE RURAL

DES CONTRIBUTIONS DIRECTES,

A l'usage des Autorités municipales, Répartiteurs, Secrétaires de Mairies et Contribuables,

Par MM. DESLIGNIÈRES et LAMBERT, Contrôleurs à Orléans.

Contribution Foncière.
——— des Portes et Fenêtres.
——— Personnelle et Mobilière.
——— des Patentes.
——— des Voitures et Chevaux.
Taxe des Prestations.
— sur les Chiens.
Modèles de Réclamations.
Tarif général des Patentes.

4me ÉDITION.

PARIS

LIBRAIRIE DE L'AGRICULTURE

André SAGNIER, ÉDITEUR,

Rue de Fleurus, 9,

(près la rue Bonaparte et le Luxembourg.)

CHENU, IMP. DES ADMINISTRATIONS FINANCIÈRES, ORLÉANS.

PETIT CODE RURAL

DES CONTRIBUTIONS DIRECTES.

Le dépôt exigé par la loi a été effectué.

Les exemplaires non revêtus de la signature de l'Éditeur seront réputés contrefaits, et tout contrefacteur ou débitant de contrefaçons, sera poursuivi suivant la rigueur des lois.

C.

VEILLÉES D'UN VIEUX RÉPARTITEUR
DE CAMPAGNE.

PETIT CODE RURAL

DES CONTRIBUTIONS DIRECTES,

A l'usage des Autorités municipales, Répartiteurs,
Secrétaires de Mairies et Contribuables,

Par MM. DESLIGNIÈRES et LAMBERT, Contrôleurs à Orléans.

4me ÉDITION.

PARIS
LIBRAIRIE DE L'AGRICULTURE
André SAGNIER, ÉDITEUR,

Rue de Fleurus, 9,

(près la rue Bonaparte et le Luxembourg.)

CHENU, IMP. DES ADMINISTRATIONS FINANCIÈRES. ORLÉANS.

PRÉFACE.

On a beaucoup écrit et chaque jour on ne cesse d'écrire pour les gens instruits et lettrés, mais les questions spéciales sont rarement mises à la portée de ceux qu'elles intéressent directement.

De toutes parts on entend demander l'Instruction pour tous.

— Qu'est-ce donc que l'Instruction?

On aurait tort, à notre avis, de la considérer comme une chose une et absolue; — elle est, au contraire, essentiellement relative.

Pour quelques-uns l'instruction pourrait se dénommer la science; — pour d'autres, elle s'appellerait le résultat d'études économiques et sociales; — pour le plus grand nombre, elle devrait être définie : *La connaissance pratique du devoir et du droit au point de vue du milieu dans lequel on est appelé à vivre.*

Certains hommes, — qui s'arrogent sans contrôle la qualité d'agents d'affaires, — spéculent sur l'ignorance publique ; ils spéculent plus encore sur les doutes qu'ils font naître et qu'ils entretiennent à bon escient.

En instruisant suivant leurs besoins, suivant leurs forces intellectuelles, toutes les classes de la société, on remédierait à cet état de choses, puisqu'on mettrait chacun à même de suivre la majeure partie de ses affaires sans subir une intervention qui coûte trop souvent beaucoup plus qu'elle ne rapporte.

Tel est le but que nous nous sommes proposé et que nous avons essayé d'atteindre, pour notre part, en écrivant ce livre.

Notre œuvre modeste s'adresse tout spécialement aux habitants des campagnes et aux petits propriéraires ; aussi avons-nous choisi, pour la produire, la forme la plus simple et la moins savante.

PRÉAMBULE.

Un vieux répartiteur de campagne, ancien maire, et ancien classificateur du cadastre, n'a jamais cessé — dans l'exercice de ces diverses fonctions, — de suivre et d'étudier toutes les questions ayant rapport aux CONTRIBUTIONS DIRECTES.

A l'aide de quelques ouvrages sur la matière, il s'est efforcé de compléter une instruction dont il désire faire profiter ses concitoyens, en les réunissant chaque dimanche soir à la mairie pour écouter des leçons familières.

PRÉFACE.

La [illegible] classification du cadastre, n'a jamais [illegible] dans l'intention de ses divers auteurs, [illegible] d'étudier toutes les questions ayant rapport aux Couvents. Nos auteurs [illegible]

À l'aide de quelques ouvrages sur la matière, il s'est efforcé de compléter une instruction dont il désire faire profiter ses concitoyens, en les réunissant chaque dimanche soir à la mairie, pour donner des leçons familières.

SOMMAIRES DES VEILLÉES.

CINQUIÈME VEILLÉE.

SIXIÈME VEILLÉE.

SEPTIÈME VEILLÉE.

HUITIÈME VEILLÉE.

DOUZIÈME VEILLÉE.

TREIZIÈME VEILLÉE.

QUATORZIÈME VEILLÉE.

PREMIÈRE VEILLÉE.

Préliminaires. — Cas où une contribution régulièrement assise peut paraître illégale. — Nécessité pour les agents de l'administration de recueillir, dès le milieu de l'année courante, les mutations et renseignements qui ne doivent avoir d'effet que pour l'année qui suivra. — Plaintes mal fondées contre les Répartiteurs, et utilité de leurs conseils.
— Programme général du mode d'enseignement du *père Bertrand.*

Un assistant. — Ainsi que vous avez bien voulu nous y inviter, père Bertrand, nous voilà réunis pour écouter vos leçons ; mais je crains bien pour mon compte de ne pas en tirer un grand profit, car il ne doit pas être facile d'apprendre comment s'établissent les contributions directes.

Le père Bertrand. — Ne vous effrayez pas, mes amis ; je n'ai pas l'intention de vous faire un cours de droit administratif, qui serait au-dessus de mes propres connaissances. Je veux seulement vous donner des notions élémentaires sur les impôts directs, et vous mettre à même de reconnaître si toutes vos cotisations sont toujours bien établies....

Un assistant (interrompant). — Mais, père Bertrand, les contributions directes sont donc quelquefois mal établies ?

Le père Bertrand. — Non, mon garçon, ou du moins on fait tous ses efforts pour que tout soit exact, cependant des événements imprévus que j'aurai l'occasion de signaler dans le cours de nos entretiens, viennent souvent détruire ou vicier un travail primitivement bien exécuté ; mais alors, lorsqu'ils connaissent leur affaire, les contribuables produisent des réclamations qui sont toujours favorablement accueillies quand elles sont justes et fondées.

Un assistant. — Je vous arrête là, père Bertrand, pour vous demander une petite explication qui se rapporte peut-être à ce que vous venez de nous dire. — Vous savez que le vieux Greloux, l'ancien garde-champêtre, est décédé dans le mois de juillet de l'année dernière ; cependant, au commencement de l'année où nous sommes, on a porté chez son fils un avertissement de contributions le concernant. Or, le père Greloux n'ayant jamais possédé aucun bien foncier, et peu aisé d'ailleurs, ne pouvait être imposé qu'à une taxe personnelle qu'on aurait bien dû supprimer, car il était assez connu, celui-là, pour qu'aucun Répartiteur n'ignorât son décès.

Le père Bertrand. — Voilà précisément, mon ami,

un des cas qui se présentent le plus fréquemment
pour gâter l'ouvrage des Répartiteurs.

Le père Greloux est mort, si j'ai bonne mémoire,
le 24 juillet de l'année dernière, huit ou dix jours
seulement après le passage du contrôleur ; c'est par
ce motif qu'il est resté imposé et que son fils a dû
adresser à M. le Préfet une réclamation touchant la
contribution dont tu viens de parler.

Le même assistant. — C'est donc à dire pour
cela que si quelqu'un vient à mourir après le passage
du contrôleur, quoique ce soit avant la fin de l'année,
il reste incrit au rôle pour l'année suivante ?

Le père Bertrand. — C'est justement comme tu
le dis.

Le même assistant. — Mais pourquoi le contrôleur ne fait-il pas sa tournée plus tard ?

Le père Bertrand. — Je lui ai adressé cette question il a déjà longtemps. Il m'a répondu que lorsqu'il avait terminé son travail dans les communes,
il le renvoyait à son Directeur pour faire transcrire
les mutations, dresser les rôles des percepteurs, et
puis bien d'autres choses encore que je ne me rap-
pelle pas ; — le contrôleur m'a fait comprendre
enfin qu'il était dans l'obligation de s'y prendre
longtemps à l'avance pour préparer les impositions
de l'année suivante, ce qui fait que sa tournée a lieu
dès le milieu de l'année dans certaines localités.

Le même assistant. — Je comprends bien maintenant pourquoi le vieux Greloux est resté cotisé quoiqu'étant décédé l'année dernière.

Le père Bertrand. — Ceci prouve tout d'abord, mon ami, qu'on a trop souvent le tort de récriminer, sans motif sérieux, contre les répartiteurs. Au lieu de se plaindre d'eux, il vaudrait mieux leur demander conseil et profiter des dispositions de la loi à l'occasion des décès, des départs et des diverses circonstances qui peuvent donner lieu à des suppressions ou des diminutions d'impôts.

Voilà, mes amis, tout ce que je vous dirai ce soir parce que nous nous sommes réunis un peu tard.

Pendant les veillées suivantes je vous expliquerai toutes vos contributions; je vous dirai aussi quels moyens vous devriez employer s'il vous arrivait d'être irrégulièrement imposés.

Depuis trente ans que je remplis les fonctions d'adjoint, de maire ou de répartiteur, je me suis constamment appliqué à bien saisir ce qui nous est demandé par les contrôleurs, je les ai accompagnés souvent dans des vérifications de réclamations, et j'ai pu me rendre compte de tous les travaux dont ils sont chargés.

J'ai beaucoup d'expérience pratique et possède peu de théorie; aussi m'abstiendrai-je de vous faire des citations de lois qu'on a fréquemment *invoquées devant moi, mais que je n'ai pas retenues.*

Lorsque je vous aurai appris le peu que je sais et qui me suffit pour donner d'utiles conseils autour de moi, si quelques-uns d'entre vous veulent s'instruire davantage ils ne manqueront pas de livres savants à consulter.

Quant à moi, mes amis, je suis trop vieux maintenant pour me livrer à de fortes études ; — j'ajouterai même que le profit que j'en pourrais retirer ne modifierait pas le programme de nos entretiens, car je ne tiens nullement à faire avec vous de la science inutile.

Mon but unique et mon unique désir est de me bien faire comprendre de vous tous en traitant, le plus simplement possible, les questions fiscales en présence desquelles vous vous trouvez à chaque instant.

DEUXIÈME VEILLÉE.

Le père Bertrand. — Je vois avec plaisir, mes amis, que vos rangs sont plus pressés ce soir, et je m'en félicite en pensant que mes modestes leçons pourront profiter à un plus grand nombre de contribuables.

Prévenu que l'assistance serait plus nombreuse et plus éclairée (j'aperçois quelques paletots parmi les blouses), je me suis un peu préparé pour la veillée d'aujourd'hui, d'autant mieux que j'ai à fixer des points principaux qui serviront de base à nos entretiens.

Il existe cinq espèces de *Contributions directes* proprement dites :

1° La Contribution foncière,
2° ———— des portes et fenêtres,
3° ———— personnelle et mobilière,
4° ———— des patentes,
5° ———— des voitures et chevaux,

Plus deux contributions communales contrôlées par la même administration :
1° La taxe des prestations,
2° ———— sur les chiens.

Un assistant. — Pourquoi donc, père Bertrand, distinguez-vous ces deux dernières contributions, puisque nous sommes tenus de les acquitter tout aussi bien que les autres ?

Le père Bertrand. — Parce que les cinq premières profitent à la fois à l'*État*, aux *Départements* et aux *Communes*, tandis que la taxe des prestations et celle sur les chiens ne créent des ressources qu'aux communes exclusivement.

Un assistant. — Pardon, monsieur Bertrand, si je prends la liberté de vous interrompre, mais comme vous me paraissez ne rien ignorer sur le sujet que vous traitez, je vous prierai de vouloir bien nous expliquer de quelle façon sont fixées les contributions que vous venez de citer, et quels sont les pouvoirs qui les établissent.

Le père Bertrand. — Je ne comptais pas entrer si profondément dans les questions qui nous occupent, et j'avais préparé mes entretiens pour des gens qui se trouvent en face des contributions qu'on leur demande, sans trop se préoccuper de leur origine.

On sait dans nos campagnes que la force armée qui fait respecter le drapeau de la France et assure la tranquillité publique, que la magistrature qui rend la justice, que le prêtre qui remplit son saint ministère, que l'ouvrier qui construit des routes, des canaux, etc., — que tous ceux, en un mot, qui concourent à la formation ou à l'entretien de l'édifice social, doivent être rémunérés et que c'est avec l'impôt qu'on prépare leur salaire.

Confiants dans le chef de l'État, qu'ils se sont choisi, dans les députés qu'ils ont investis de leur mandat, les braves gens qui m'écoutent acceptent sans les raisonner des charges contributives qu'ils savent bien être indispensables, et, si je les ai réunis autour de moi, c'est moins pour leur faire la théorie de ces diverses charges, que pour leur expliquer leurs droits et leurs devoirs lorsque des rôles dûment approuvés ont fait d'eux des *contribuables.*

Le même assistant. — Mais, monsieur Bertrand, je ne crois pas vous demander plus que vous ne pouvez nous apprendre, car, je le répète, vous paraissez ferré sur la matière que vous traitez ; d'un autre côté, je suis bien convaincu que tous ceux qui vous écoutent prendront comme moi beaucoup d'intérêt aux explications que je réclame de votre obligeance.

Le père Bertrand. — Quoique nous sortions un peu des limites de notre programme, je veux bien essayer de vous donner satisfaction.

Pour cela, je diviserai les cinq Contributions directes proprement dites en deux catégories :

1° *Impôts de répartition*,

2° *Impôts de quotité.*

Dans la première de ces catégories rentrent la contribution *foncière*, — celle des *portes et fenêtres*, — et la contribution *personnelle et mobilière.*

Dans la deuxième catégorie viennent se placer la contribution des *patentes*, et celle des *voitures et chevaux.*

L'impôt de répartition est celui dont le produit est prévu et déterminé d'avance.

La somme de cet impôt étant fixée pour tous les départements par une loi des finances, est répartie au prorata entre les arrondissements, les communes et les particuliers.

Le Gouvernement, avec l'impôt de répartition, peut porter à son budjet une somme qui doit être nécessairement perçue.

L'impôt de quotité est éventuel et aléatoire ; — il subit des variations provoquées par les phases du commerce (patentes), par les besoins ou le caprice des personnes (voitures et chevaux).

La taxe des *prestations* et celle sur les *chiens* (contributions communales) s'appliquant à des éléments essentiellement variables, rentrent tout naturellement aussi dans la catégorie des impôts de quotité.

Pour en finir avec ces explications un peu ardues, j'ajouterai que le montant de chaque impôt de répartition étant déterminé par la loi annuelle des finances qui l'établit par département, on voit intervenir successivement :

1° *Le conseil général* qui règle la part de chaque arrondissement ;

2° *Le conseil d'arrondissement* qui fixe le contingent de chaque commune ;

3° *Le conseil de répartition* qui répartit l'impôt sur chaque contribuable; et quand il y a insuffisance de ressource là ou là, on vote des *centimes additionnels* pour rétablir un niveau entre les recettes et les dépenses.

Un assistant. — Pourriez-vous nous donner, père Bertrand, quelques explications sur les centimes additionnels ?

Le père Bertrand. — J'allais le faire, mon ami, et je considère même ce sujet comme très-important.

Les centimes additionnels se nomment, suivant le cas, *ordinaires* ou *extraordinaires*, c'est-à-dire qu'ils doivent couvrir des dépenses obligatoires ou facultatives.

Les centimes additionnels *ordinaires* ayant une

destination dont l'Etat se fait juge, je ne les mentionne que pour mémoire et je ne vous entretiendrai, d'une façon circonstantiée, que des centimes extraordinaires.

Les centimes additionnels *extraordinaires* sont établis pour parer à certains besoins temporaires de l'État, des départements ou des communes ; ils sont votés par les pouvoirs que j'ai précédemment désignés. — On les appelle suivant leur origine, centimes *généraux*, *départementaux* ou *communaux*.

Les centimes *généraux* profitent à l'État et servent aussi à constituer un fonds de secours pour les communes atteintes par les grêles, les inondations et autres calamités publiques ; ils servent encore à couvrir les non-valeurs occasionnées par des décès, des maladies, etc., qui frappent des contribuables isolés.

Les centimes *départementaux* sont votés par le conseil général et sont spécialement destinés à ouvrir de nouvelles voies de communication, à fonder des établissements humanitaires, à augmenter le bien-être des populations, — en un mot à procurer des avantages au département qui supporte cette imposition.

Quant aux centimes *communaux*, ils sont votés par le conseil municipal, et le produit de ces centimes est intégralement employé au profit de la commune.

Le même assistant. — Ces explications étaient nécessaires, père Bertrand, et je suis heureux de les avoir provoquées parce qu'elles nous font comprendre pourquoi nos contributions ont été augmentées l'année dernière et cette année : — cette augmentation a été motivée, sans nul doute, par les dépenses qu'on a dû faire pour la réparation de notre église et pour la rectification du chemin qui mène à la ville.

Le père Bertrand. — Voilà positivement les motifs qui ont obligé le conseil municipal à voter des centimes extraordinaires, et si notre impôt en a été un peu grossi, songez, mes amis, au profit que nous en retirons.

Nous avions une église qui menaçait ruine et qu'on a été obligé de fermer pendant quelques mois par mesure de sécurité publique.

Les paroissiens, au lieu de venir au bourg chaque dimanche, se rendaient dans les communes voisines pour assister à la messe ; — nos petits marchands n'avaient plus de chalands, nos cabaretiers plus de consommateurs.

D'un autre côté, les chemins qui nous environnent restaient toujours impraticables ; — enfin tout allait de travers dans la commune et tout le monde souffrait de cette situation anormale.

Notre nouveau maire a cherché le remède, et comme nos ressources ordinaires ne pouvaient suffire, il a réuni son conseil municipal et a fait voter des centimes additionnels. Le produit qui résultait de ces centimes s'étant encore trouvé insuffisant pour couvrir toutes nos dépenses, il s'est rendu au chef-lieu et a intéressé en notre faveur M. le Préfet qui lui a accordé, à titre de subvention, près du tiers de la somme nécessaire, — sans doute sur les centimes généraux et départementaux.

Grâce à tous ces moyens, notre église a été restaurée l'an dernier, et nos chemins sont terminés. Nous pouvons même aujourd'hui songer à l'établissement du champ de foire depuis si longtemps désiré dans notre bourg, situé au milieu d'un pays où le bétail abonde, et où l'on fait de bons élèves.

Si cette fois encore nos revenus ne sont pas assez élevés, nous voterons de nouveaux centimes dans la limite de nos moyens et de nos droits, — car il faut vous dire que la loi ne nous autorise pas à dépasser un certain chiffre qui conduirait à l'abus, et qu'elle a fixé le maximum de chaque nature de centimes en raison de leur destination.

Peut-être aussi, prenant en considération nos nouveaux sacrifices, M. le Préfet nous accordera-t-il une seconde subvention pour une création qui, tout en intéressant particulièrement notre localité, n'en sera pas moins très-profitable à tout le canton.

Voilà, mes amis, par des exemples que je choisis sous vos yeux, l'utilité des centimes additionnels qui, selon moi, forme le meilleur élément de succès pour les villes et les communes rurales, quand on n'en abuse pas.

Sans les centimes additionnels, en effet, les communes n'ont qu'un revenu immuable et restreint qui ne leur permet pas de sortir de l'ornière et de parer aux graves éventualités ; les maires, comme les conseillers municipaux, sont condamnés d'avance à l'immobilité et n'ont en perspective, en acceptant leur mandat, que la gestion d'intérêts absolument limités, le vote d'un budget invariable et le contrôle des actes du garde-champêtre.

Avec les centimes additionnels au contraire, le champ du progrès est ouvert et la prospérité peut marcher à grands pas.

Là-dessus, mes amis, je m'arrête, d'abord parce qu'il se fait tard, et puis aussi parce que vous m'avez poussé par vos questions beaucoup plus loin que je ne le pensais.

A la veillée de dimanche, je vous entretiendrai de la contribution foncière.

TROISIÈME VEILLÉE.

Le père Bertrand. — Au début de nos entretiens je vous ai déclaré, mes amis, que je n'avais pas l'intention de vous faire un cours de droit administratif, mais que je voulais vous expliquer, le plus simplement possible, chacune des contributions directes au point de vue des précautions que vous avez à prendre vous-mêmes pour qu'elles soient bien établies, comme au point de vue des droits que vous pouvez exercer lorsque vos cotisations vous semblent défectueuses.

Nous parlerons aujourd'hui de la contribution foncière, et je vous demanderai toute votre attention parce que le sujet de notre entretien est des plus importants.

La Contribution foncière atteint tout ce qui est immeuble : les terres, les prés, les vignes, les bois, etc..., les maisons, les moulins, les usines de toute nature, — en un mot tout ce que dans nos campagnes on nomme du *bien au soleil.*

Je ne vois pas l'utilité de vous expliquer comment s'établit la contribution foncière par nature de culture.

Vous avez tous vu, — je parle de ceux qui sont déjà des hommes, — il y a une trentaine d'années, une escouade de géomètres arpenter la commune dans tous les sens. Après eux sont venus des Inspecteurs et des Contrôleurs des contributions directes qui ont travaillé à leur tour, et se sont livrés à des expertises.

Ce que faisaient ces divers agents, c'était le CADASTRE.

Comment s'y sont-ils pris ? — Je pourrais vous le dire, car on m'avait nommé classificateur, et j'ai été constamment mêlé à leur opérations, mais vous ne pourriez retirer de cet enseignement aucun profit pratique, puisqu'il s'agit d'un fait accompli.

Je dois cependant vous bien recommander, mes amis, si vous voyez un jour refaire ce qu'on nomme le *cadastre,* de ne pas rester indifférents aux travaux qui s'exécuteront autour de vous, mais au contraire de vous rendre ponctuellement aux différents appels qui vous seront faits à l'occasion de cette importante opération.

Les agents chargés du premier cadastre ont été trop souvent renseignés d'une façon défectueuse ou incomplète ; — de là beaucoup d'erreurs, qui se sont perpétuées jusqu'à ce jour et qu'il eût été bien facile de prévenir.

Cela dit, je reviens à mon sujet.

— La contribution foncière s'applique :

1° A la *propriété non bâtie* (terres, vignes, prés, bois, etc). ;

2° A la *propriété bâtie* (maisons, usines, etc.).

La contribution foncière suit le mouvement de la propriété bâtie, tandis que (sauf des exceptions que j'aurai l'occasion de vous citer) elle s'immobilise sur la propriété non bâtie.

Je vous donne tout d'abord cette explication, mes amis, parce que j'ai souvent entendu des contribuables dire :

« Je ne sais pourquoi ma contribution a été aug-
« mentée dans une forte proportion cette année, et
« cependant je n'ai rien acheté. »

— Cela tenait à ce que ces contribuables avaient fait construire une maison, et que cette maison venait d'être imposée à la contribution foncière.

Un assistant. — Mais, père Bertrand, si ces contribuables possédaient le terrain sur lequel ils avaient fait bâtir leur maison, ils étaient bien déjà imposés et n'auraient pas dû être frappés d'une contribution nouvelle, car moi qui vous parle, sans chercher plus loin, je n'ai pas été cotisé plus fort quand j'ai construit ma belle grange du bas du village ; — elle m'a cependant bien coûté trois fois plus cher que ma maison d'habitation.

Le père Bertrand. — Tu n'y es pas du tout, mon père Jany, et voilà pourquoi :

Les maisons d'habitation, ainsi que les usines, boutiques, ateliers sont frappés deux fois par l'impôt foncier :

1° Pour le *sol* qu'occupent ces constructions,

2° Pour ce qu'on nomme *l'élévation*.

Quant aux granges, écuries, hangars, et en général tous les bâtiments ruraux, quelle que soit leur importance, leur forme et même leur élégance, ils profitent d'une exemption prononcée par la loi et ne sont soumis à l'impôt que pour le sol qu'ils enlèvent à la culture.

En cela vous ne pouvez d'ailleurs que reconnaître la bienveillance du législateur qui a voulu faire la part bonne aux agriculteurs.

Le père Jany. — Mais pourquoi donc, puisqu'on voulait favoriser les agriculteurs, n'a-t-on pas aussi exempté leurs maisons de l'impôt qui s'applique à ce que vous appelez l'*élévation* ?

Le père Bertrand. — Tu m'en demandes bien long, mon père Jany, mais je crois cependant rester dans le vrai en te répondant qu'une faveur ne peut s'étendre au-delà des bornes raisonnables, et puis aussi que ton objection pèche par la base, en ce sens que si une maison appartient aujourd'hui à un cultivateur, elle peut demain passer entre les mains d'un rentier ou d'un bourgeois, et que, quelques déliés que soient les rouages administratifs, l'engrenage ne suffirait plus pour suivre tous ces mouvements.

Mettons donc que notre part est assez bonne et soyons reconnaissants de ce qui a été fait pour nous.

Un assistant. — Les maisons sont-elles imposables aussitôt leur achèvement ?

Le père Bertrand. — Aussitôt terminées elles deviennent imposables à la contribution des portes et fenêtres (dont nous parlerons plus tard), mais elles ne le sont que pour la troisième année à la contribution foncière. C'est-à-dire qu'elles jouissent pendant deux années franches d'une complète immunité en ce qui concerne l'*élévation*.

Le même assistant. — Les maisons ne sont donc cotisées, jusqu'à la troisième année de leur achèvement, que pour le sol qu'elles occupent et pour les portes et fenêtres ?

Le père Bertrand. — Oui.

Le même assistant. — C'est sans doute pour préparer peu à peu les contribuables et leur faire, pour ainsi dire, bonne bouche en commençant !

Le père Bertrand. — Cela peut bien être, mais je crois que c'est plutôt pour encourager la construction, dans les villes surtout où un spéculateur peut édifier d'importantes maisons, avec l'espoir de les revendre avant qu'elles n'aient été atteintes par l'impôt foncier qui n'est pas une petite charge dans les grandes localités.

Sous ce rapport nous n'avons encore qu'à nous louer des intentions du législateur qui assure ainsi de l'ouvrage aux habitants des campagnes. — Vous savez, en effet, avec quel empressement les gens de nos contrées se rendent chaque année dans les grandes villes, à Paris surtout, au moment où s'ouvrent les chantiers de constructions, espérant rapporter dans leur sac à la fin de la campagne l'argent d'un arpent de terre.

Je me prends à ce propos, quoique cela ne soit pas directement dans mon sujet, du désir de vous faire quelques réflexions qui trouvent ici leur place.

Eh! pourquoi, mes amis, m'abstiendrais-je de vous donner des conseils, moi qui ne vous réunis que pour votre bien et qui n'ai d'autre but que de vous faire profiter de mon expérience des choses de la vie !

Un grand nombre de nos compatriotes s'expatrie chaque année.

Ont-ils raison d'agir ainsi ? — Oui et non.

A ceux qui se préparent à partir, je dirai :

Voyez si votre vieux père est encore de force à conduire la charrue, — si vos frères sont d'âge à vous remplacer près de lui; — examinez en un met, si le gain que vous allez chercher au dehors vaut bien celui qui vous est assuré au foyer domestique.

Je gagnerai tant, dites-vous? — Oui, si aucun chômage ne se manifeste, et si la maladie ne vous arrête pas, vous aurez chance de rapporter une somme assez ronde.

Mais, je vous le répète, votre père infirme et cassé par l'âge, vos frères trop jeunes cultiveront peut-être mal le petit bien que vous abandonnez ; ils ne défricheront pas le morceau de bruyères que vous possédez près de la forêt. — Votre champ n'acquerra pas de plus-value entre des mains débiles ; aucune nouvelle méthode agricole, ni aucune culture plus lucrative ne sera pratiquée en votre absence. Le progrès se manifestera partout excepté chez vous et, tout calcul fait, la somme d'argent que vous rapporterez d'une campagne laborieuse pourra bien ne pas compenser la perte occasionnée par votre absence.

Restons donc plus attachés au sol qui nous a vu naître et ne renvoyons pas tous nos enfants perdre dans les villes le goût de l'agriculture.

Un cultivateur qui déserte son champ, tout en comprenant que ce champ a besoin de ses soins et de son travail, ne ressemble-t-il pas au soldat qui, courageux d'ailleurs, abandonnerait le drapeau de son pays pour se ranger sous une bannière étrangère !

A ceux qui reviennent après une campagne productive, je dirai aussi :

Ne vous faites pas trop grande envie de la terre du voisin. — Cette terre est à vendre, me répondront-ils, — et si je manque l'occasion de l'acquérir, je ne la retrouverai plus; — je ne puis en payer que le tiers cette année, mais l'avenir m'appartient...

L'avenir, leur répondrai-je, n'est pas un capital; l'avenir promet tout ce qu'on lui demande, mais tient mal ses promesses que viennent déjouer les événements.

Qu'arrive-t-il trop souvent ? — Le pauvre cultivateur qui s'expatrie pendant plusieurs années consécutives rapporte chaque fois un peu d'argent, chaque fois aussi il se fait envie de nouvelles terres qui bordent à leur tour le pré ou le **pacage** précédemment acquis; il achète la convenance qui double le prix des immeubles. On est moins exigeant pour les sommes au comptant parce que son lot prend de la consistance.

Mais, *qui trop embrasse mal étreint,* dit le proverbe :

L'ambitieux tombe malade; il ne peut plus aller gagner d'argent au dehors, et ses enfants sont trop jeunes pour cultiver fructueusement un bien si péniblement acquis. — Perte partout !...

Les créanciers s'agitent; les hommes d'affaires interviennent, ils font des frais.., et bientôt l'expropriation fait tomber au rabais, entre les mains de cultivateurs mieux avisés qui n'ont pas quitté le pays natal, une propriété sur laquelle on avait fondé les plus belles espérances.

Loin de moi, mes amis, la pensée d'apporter chez vous le découragement et de vous engager à renoncer absolument à chercher dans les grands centres une rémunération plus élevée; mais je vous conseille la prudence et je vous conseille surtout, si la fortune semble vous favoriser au début, de ne pas trop escompter l'avenir.

QUATRIÈME VEILLÉE

Le père Bertrand. — Au commencement de notre dernière soirée j'ai parlé de l'impôt foncier qui s'applique aux propriétés bâties ; je vous ai dit que l'impôt dont il s'agit frappait deux fois cette espèce d'immeubles dont il atteignait le *sol* et l'*élévation*. Je vous ai dit aussi que, sauf des exceptions que j'aurai à vous signaler, la contribution qui se rapporte à la propriété non bâtie ne subissait point de variations et *s'immobilisait* entre deux cadastres.

Pour mieux me faire comprendre, j'explique de nouveau qu'une vigne transformée en terre, qu'un pré qui devient un pacage, qu'un champ quelconque usé ou gâté par des cultivateurs inhabiles ou imprudents, conserve son impôt originaire.

Un assistant. — Pour le coup, père Bertrand, je vous arrête, car il me semble impossible que vous soyez dans le vrai. — Comment le législateur aurait-il pu consacrer une pareille injustice ? — Ce législateur ne serait donc pas le protecteur de l'agriculture, ainsi que vous l'avez toujours proclamé !

Plusieurs assistants. — Cette réflexion nous paraît juste.

Le père Bertrand. — *Qui n'entend qu'une cloche n'entend qu'un son*, mes amis, et je me hâte de répondre à l'objection qui m'est faite pour vous prouver au contraire qu'on accorde ici une prime aux cultivateurs intelligents et laborieux.

Il est bien certain, comme je viens de vous le dire, que lorsque vos immeubles perdent de leur valeur ils continuent à être imposés au même taux ; mais, en revanche, la terre dont vous faites une chènevière ou un jardin, le pacage qui devient un pré, les vagues converties en labours, — en un mot toutes les transformations avantageuses que vous faites subir à l'ensemble de votre héritage ne provoquent aucune augmentation d'impôt foncier.

Vous voyez bien, mes amis, que là encore nous retrouvons la faveur accordée à l'agriculture puisque, contre un dixième de vos terrains qui a perdu de sa valeur, vous devez compter neuf dixièmes qui ont acquis une plus-value considérable depuis l'achèvement du cadastre.

Je veux prévenir une nouvelle interruption en vous déclarant que si, par l'effet d'une inondation ou d'un évènement majeur indépendant de la volonté de son propriétaire, un champ éprouve une corrosion ou une détérioration, l'administration s'empresse, quand la demande lui en est faite, de supprimer de la matière imposable la fraction corrodée ou de déclasser la parcelle détériorée.

Un assistant. — Ce que vous dites là est exact, père Bertrand, car nous savons qu'un propriétaire de la commune a réussi dans sa demande pour une partie de pré qui a été enlevée par une crue de la rivière; mais je vous demanderai, à ce propos, pourquoi mon voisin Doucet n'a pu profiter des mêmes avantages, lui dont la terre n'a pas été, il est vrai, corrodée par les eaux, mais a servi de carrière pour l'extraction du sable nécessaire aux réparations de la levée?

Le père Bertrand. — Cette terre lui vient-elle de succession ou l'a-t-il achetée ?

Le même assistant. — Il la tient de M. Marabail qui la lui a vendue 2,000 fr., il y a déjà quelques années.

Le père Bertrand. — Et combien a-t-il reçu de l'administration des ponts-et-chaussées pour l'extraction du sable ?

Le même assistant. — Il a reçu 1,400 fr., par voie amiable, pour un hectare représentant la moitié de sa parcelle.

Le père Bertrand. — Votre voisin Doucet a donc

reçu amiablement, après marché débattu, 1,400 fr. pour la moitié d'une terre dont il avait payé la totalité 2,000 fr.; en outre, le sous-sol de la carrière lui a été laissé, et vous auriez trouvé juste que dans ces conditions on lui accordât un dégrèvement d'impôt foncier !

Toutes ces circonstances ont été prévues par le législateur qui a décidé en principe que les suppressions ou modifications de matière imposable ne peuvent faire varier l'impôt qu'autant qu'elles ont pour cause des évènements accidentels et involontaires, mais jamais lorsqu'il s'agit de transactions productives.

Un assistant. — Ce principe paraît équitable, mais il ne s'applique pas, sans doute, à la propriété bâtie ?

Le père Bertrand. — Non, je vous l'ai déjà dit, et chaque contribuable qui fait démolir, volontairement ou par suite d'expropriation forcée, tout ou partie d'une maison, usine, boutique, etc., est en droit de réclamer le dégrèvement des contributions foncière et des portes et fenêtres qui se rapportent à ces bâtiments.

Je reviens à mon sujet principal maintenant que j'ai répondu à vos diverses questions qui n'étaient pas hors de propos, et je me résume :

La contribution foncière atteint tous les immeubles. — Sauf des circonstances particulières, elle s'immobilise sur chaque parcelle de terrain, c'est-à-dire qu'une parcelle en nature de pré, vigne, bois, etc., au moment du cadastre, reste imposée comme pré, vigne, bois, etc., jusqu'à l'époque des nouvelles opérations cadastrales.

Cette même contribution frappe deux fois la propriété bâtie (sol et élévation) et subit en plus ou en moins les variations de cette propriété : elle augmente si les constructions sont agrandies, et diminue si elles sont réduites par suite de démolitions partielles ou transformations pour usages ruraux.

Ces bases générales établies, je m'arrête et vous annonce que pendant la prochaine veillée je m'occuperai exclusivement de la contribution qui se rapporte à la *propriété non bâtie.*

La soirée qui suivra sera à son tour entièrement employée à l'étude de la contribution foncière spécialement afférente à la *propriété bâtie.*

CINQUIÈME VEILLÉE.

—

Le père Bertrand. — Nous avons dit (troisième veillée) que la contribution foncière atteignait tout ce qui est dénommé du bien au soleil, sauf des exceptions motivées par l'intérêt général ou l'encouragement des progrès agricoles.

Cette contribution est basée sur le revenu net des propriétés, c'est-à-dire qu'on déduit de ce revenu les frais de *culture, semence, récolte, entretien* et *réparations*.

Son principal caractère est d'être indépendant des facultés de ceux qui détiennent les immeubles, de telle sorte que le propriétaire ou l'usufruitier n'est pour ainsi dire qu'un agent chargé d'acquitter l'impôt de ces immeubles avec une portion des fruits qu'ils produisent.

Il s'en suit que chaque héritage est évalué sans égard aux charges dont il est grevé, et c'est justice car ces charges ne changent rien à son revenu réel, seulement le propriétaire, ayant aliéné une partie de ses droits, n'est plus seul pour profiter de ce revenu.

Disons en passant, pour répondre à une question qui m'a été faite avant la séance, que les clôtures qui entourent certains champs ne donnent pas lieu à une imposition plus élevée, et que les terrains dits d'agrément sont assimilés pour l'impôt aux terres labourables de première classe.

Un assistant. — Il me semble cependant, père Bertrand, que les terrains clos de murs ou de haies vives représentent, à contenance et qualité égale, une valeur vénale supérieure à celles des autres terrains et qu'ils devraient supporter une imposition plus élevée ?

Le père Bertrand. — Cette réflexion serait juste si pour classer les parcelles on se basait sur leur valeur vénale, mais je viens de vous dire que le revenu réel seul servait de base à l'impôt foncier.

On fait d'ailleurs la part, dans les opérations de classement, de la plus-value locative (et non point vénale) acquise aux terrains plantés ou clos de murailles garnies d'arbres fruitiers, en les imposant comme *jardins, vergers, terrains mêlés d'arbres* et *terrains plantés*.

Vous voyez, mes amis, que le législateur a tout prévu et tout raisonné ; mais d'ailleurs, je vous l'ai dit précédemment, l'importante question du classement des immeubles n'aura pour vous un intérêt d'actualité que lorsque le Gouvernement décidera le renouvellement du cadastre. — Revenons donc à notre sujet.

La propriété non bâtie qui forme le principal élément de l'impôt direct comprend, outre les terrains privés qui sont tous imposables sans exception, une quantité considérable d'immeubles d'utilité publique, savoir : les rues, places, cimetières, promenades, routes, chemins, fleuves, rivières, lacs, ruisseaux, etc., etc. — Ces immeubles jouissent d'une complète immunité qui s'applique également aux forêts et bois de l'Etat, ainsi qu'aux autres domaines de l'Etat qui ne sont pas productifs de revenu ; — mais je dois ajouter ici (quoique pouvant y revenir au moment où je vous entretiendrai des prestations) que les forêts de l'Etat sont inscrites sur les rôles pour leur participation aux centimes communaux créés pour les dépenses des chemins vicinaux.

La loi exempte aussi de la contribution foncière les *jardins* attenant aux presbytères et aux maisons d'écoles ; mais cette dernière exemption est de droit étroit et ne s'étendrait pas aux terrains éloignés qui pourraient être abandonnés par les communes aux desservants et aux instituteurs.

Un assistant. — Les terrains productifs de revenu

appartenant aux communes doivent-ils une contribution ?

Le père Bertrand. — Non-seulement ils sont atteints par la contribution foncière, dans les mêmes conditions que la propriété privée, mais ils supportent en outre une seconde contribution qu'on nomme *taxe des biens de main-morte.*

Il en est de même pour tous les immeubles productifs possédés par les départements, hospices, séminaires, fabriques, congrégations, consistoires, bureaux de bienfaisance, sociétés anonymes, etc.

Le même assistant. — Pourquoi donc ces biens sont-ils plus maltraités que ceux des particuliers?

Le père Bertrand. — En fait ils ne sont pas assujettis à un impôt plus élevé, mais cet impôt leur est appliqué différemment.

Vous n'ignorez pas, en effet, que l'ensemble des héritages change de main tous les vingt-cinq ans en moyenne par suite de ventes, donations entre vifs, décès, etc., et que tous les vingt-cinq ans en conséquence ces héritages sont frappés d'un droit d'enregistrement. — Les propriétés collectives, au contraire, n'étant que très-rarement aliénées, se trouvaient par ce motif à peu près complètement exemptées de tout droit de transmission, et c'est pour rétablir l'égalité des charges contributives qu'une loi assez récente (loi de 1849) a créé la taxe annuelle des biens de main-morte.

Mais j'en ai assez dit sur cette question qui n'intéresse pas directement mon auditoire.

Un assistant. — Pourriez-vous nous dire, père Bertrand, si les chemins de fer et les canaux paient la contribution foncière ?

Le père Bertrand. — Oui, les chemins de fer et les canaux navigables sont imposés sur le pied des terres labourables de première classe ; — il en est de même de toutes les routes, chemins ou avenues qui appartiennent à des compagnies ou à des particuliers.

Quant aux canaux non navigables destinés à l'irrigation ou à l'alimentation des usines, on les évalue sur le même pied que les terres qui les bordent ; on procède d'une semblable façon à l'égard des canaux ouverts pour le desséchement des marais.

Le même assistant. — Nous voudrions vous prier aussi, père Bertrand, de nous éclairer sur certaines exemptions ou diminutions d'impôt foncier qui se rapportent à des défrichements de terrains incultes et à des semis de bois dont, jusque-là, nous n'avons entendu parler que très-vaguement ?

Le père Bertrand. — Volontiers, mes amis
Vous vous rappelez que dans un précédent entretien je vous ai dit que les évaluations foncières étaient immuables en ce qui concerne la propriété non bâtie ; — cependant, en vue du renouvellement du cadastre, la loi a spécifié touchant la plus-value à résulter des défrichements, desséchements, semis ou plantations de bois, des exemptions temporaires dont la durée est subordonnée à la nature primitive du terrain et au genre des améliorations effectuées.

C'est ainsi, par exemple, qu'il est accordé :

Vingt-cinq ans d'affranchissement de la *plus-value imposable* devant résulter d'un desséchement de marais ;

Dix ans de la même faveur pour le défrichement d'une terre vaine ;

Vingt ans, pour la plantation de cette même terre vaine ou vague ;

Quinze ans, pour la plantation d'un terrain déjà en valeur ; etc., etc.

Une disposition légale exceptionnelle consacre même une *exemption entière d'impôt devant durer trente ans et prenant immédiatement date*, comme prime aux propriétaires qui pratiqueront des semis ou des plantations de bois sur le sommet ou le penchant des montagnes et sur les dunes.

Un assistant. — Dans quel but cette faveur toute particulière ?

Le père Bertrand. — Dans le but d'encourager les reboisements qui, en même temps qu'ils créent de nouveaux revenus aux propriétaires, enrichissent le territoire dans son ensemble.

D'un autre côté le Gouvernement, qui étudie les questions d'utilité publique sur toutes leurs faces et qui se préoccupe depuis longtemps des moyens de prévenir les inondations, sait bien que le reboisement présente sous ce rapport un très-grand intérêt.

Les racines d'arbres absorbent, en effet, une énorme quantité d'eau qui, ainsi retenue sur le sommet ou le penchant des montagnes, diminue l'intensité des torrents qui descendent dans les vallées, ruinant nos récoltes sur leur passage et ravinant nos meilleures terres ; — mais ces considérations sont trop savantes pour nous.....

Un assistant. — Voudriez-vous bien nous dire, père Bertrand, quelles sont les formalités à remplir pour profiter des dispositions légales ayant rapport aux exemptions ou diminutions temporaires d'impôt dont vous venez de parler ?

Le père Bertrand. — Ces formalités sont assez nombreuses.

Il faut, avant tout, adresser à la sous-préfecture une déclaration des terrains qu'on veut améliorer, semer ou planter. — Cette déclaration doit être accompagnée d'un extrait de la matrice cadastrale et d'un extrait de rôle.

Il faut produire ensuite un procès-verbal de la visite des lieux par le maire et les répartiteurs, indiquant la situation des terrains ;

Un certificat constatant que ce procès-verbal a été affiché pendant vingt jours dans la commune et au chef-lieu du canton dont elle dépend ;

Une déclaration des répartiteurs que la plantation a été faite à telle date, si lors de la visite des lieux elle n'était pas encore entreprise ou terminée.

Il m'a semblé utile de vous donner ces explications détaillées sur un sujet tout spécial, mais je dois ajouter que ce n'est qu'à l'occasion d'améliorations, de semis ou de plantations d'une réelle importance que des demandes doivent être produites dans l'espece. Je vous conseille même d'en user avec beaucoup de sobriété, d'abord parce que, comme vous venez de le voir, ces demandes sont difficiles à suivre, et, en outre, parce qu'elles ne présentent un intérêt sérieux que pour les propriétaires qui opèrent sur de vastes étendues de terrain.

Quelques mots maintenant sur ce que l'on nomme les *rôles auxiliaires*.

J'ai dû vous dire précédemment que le propriétaire ou usufruitier était seul imposé à la contribution foncière. Cependant, si ce propriétaire ou usufruitier a plus de *trois* fermiers et qu'il veuille faire acquitter l'impôt par chacun d'eux pour simplifier la gestion de ses affaires, il est en droit de demander la rédaction, à ses frais, d'un rôle spécial dit *rôle auxiliaire*. — Inutile d'ajouter que le propriétaire reste toujours responsable du paiement de l'impôt dont il s'agit.

Arrivons enfin à la question importante des MUTATIONS FONCIÈRES qui devrait être pour vous l'objet d'une constante préoccupation.

On vous a donné, à vous ou à vos devanciers, un délai de six mois à dater de la publication du premier rôle cadastral pour réclamer contre les erreurs de contenance et de classement qui ont pu être commises.

Que ces réclamations aient été produites ou non, là n'est plus la question, — puisque vous ne pourriez pas y revenir et que toute demande que vous présenteriez maintenant à ce sujet serait frappée de déchéance, pour cause d'expiration de délai depuis nombreuses années.

Que vous reste-t-il donc à faire ?

Suivre avec soin et assiduité le mouvement de votre impôt foncier que les événements ou les transactions peuvent faire varier d'une année à l'autre.

Les donations, partages, ventes, échanges, etc., provoquent un transfert continuel de propriétés et doivent donner lieu à des mutations, c'est-à-dire faire passer ces propriétés d'un article à un autre.

Votre tâche est bien simple dans ces occasions et n'exige de vous qu'un peu d'ordre.

Si vous êtes vendeur ou échangiste, vous régularisez votre position de contribuable foncier en faisant opérer vos mutations, et vous ne restez jamais dans l'obligation de payer ou d'avancer — souvent pendant plusieurs années — une contribution qui incombe à celui qui vous succède dans le bien que vous lui avez transmis ; vous prévenez au contraire toute difficulté qui pourrait surgir d'un tardif règlement de compte.

Si vous êtes acquéreur ou héritier, vous avez encore plus d'intérêt à ne pas négliger les mutations qui doivent résulter de l'accroissement de vôtre propriété. — Vous faites de l'ordre d'abord, de l'ordre d'autant plus facile que votre transaction plus récente permet mieux de reconnaître les parcelles de terrain dont vous devez vous charger ;

en outre, vous évitez une répétition d'impôt qui pourrait, à un moment donné, vous obliger à un remboursement inattendu et relativement onéreux.

Le dernier cas dont je vous parle se présente tous les jours dans nos campagnes, mais j'ai plus particulièrement le souvenir de ce qui est arrivé, il y a deux ans, lorsqu'on a opéré les mutations des biens du père Farnault.

Après le décès du bonhomme, les enfants en procédant auxdites mutations, ont reconnu qu'une terre d'un hectare au climat des Varennes, payant environ quinze francs d'impôt annuel, était encore inscrite à l'article de leur père, quoique ce dernier l'eût vendue depuis une douzaine d'années à un nommé Moreau du village de la Villeneuve.

Ils ont amené à la mairie le sieur Moreau qui a reconnu la parcelle comme lui appartenant et qui, tous comptes faits, s'est trouvé dans l'obligation de rembourser aux héritiers Farnault une somme de cent quatre-vingt et quelques francs.

Cette somme payée en détail et chaque année n'aurait pas gêné le sieur Moreau qui a une petite aisance, mais il lui a été très-pénible de l'acquitter tout d'un coup et d'une façon si imprévue.

Je pourrais vous citer beaucoup d'autres exemples pour vous prouver l'utilité de faire opérer ponctuellement les mutations qui vous concernent, mais je crois que je n'ajouterais rien à votre conviction et qu'il me suffit de vous signaler le mal pour que vous apportiez vous-mêmes le remède.

— Encore un mot sur le sujet que nous traitons pour vous faire remarquer qu'à l'occasion des partages en famille on abuse généralement, surtout dans les pays vignobles, du morcellement des parcelles.

Sous le prétexte mal raisonné de ne faire tort à aucun co-partageant, on tient à se distribuer par fractions égales les surfaces bonnes, médiocres ou mauvaises de chacun des champs provenant d'une succession. Cela amène à les diviser par lanières tellement étroites que les sentiers ou réages qu'on est forcé d'établir enlèvent une quantité notable de terrain propre à la culture, qui reste ainsi en pure perte.

D'un autre côté, ce système s'oppose à la composition d'une propriété agglomérée qui se cultive toujours avec moins de frais et beaucoup plus de facilité.

Un assistant. — Dans une de nos premières veillées, père Bertrand, vous nous avez dit quelques mots sur les pertes collectives. — Seriez-vous assez bon pour nous expliquer nos droits lorsque ces pertes nous atteignent ?

Le père Bertrand. — Je le veux bien, mon ami, mais je dois vous faire observer qu'en ce qui touche les pertes vous n'avez que des droits restreints à invoquer, et que c'est plutôt à titre gracieux que le Gouvernement recourt, pour vous venir en aide dans ces circonstances, au *fonds de non-valeurs.*

Le même assistant. — Qu'est-ce donc, je vous prie, que le fonds de non-valeurs ?

Le père Bertrand. — C'est une somme réservée sur les centimes additionnels des diverses contributions qu'on attribue au ministre des finances et au ministre de l'agriculture, pour parer à certaines éventualités, notamment pour accorder des remises d'impôts à tous les perdants et des secours aux cultivateurs peu aisés dont les récoltes viennent à être détruites ou endommagées par les grêles, les gelées ou les inondations.

— Les pertes dont il s'agit n'obligent pas les contribuables à présenter isolément des réclamations ; il suffit d'une demande du maire pour faire procéder dans la commune qu'il administre à une expertise générale dont les résultats servent de base aux remises d'impôts ou aux secours, suivant le cas.

SIXIÈME VEILLÉE.

—

Étude spéciale de la contribution foncière afférente aux propriétés baties. — Bases de cette contribution et matière imposable. — Maisons et usines. — Contingents. — Constructions, démolitions et conversion de maisons en bâtiments ruraux. — Exemptions. — Vacances de maisons et chômages d'usines. — Abandons de terrains improductifs.

Le père Bertrand. — J'ai à vous entretenir ce soir de la contribution foncière que supportent les *propriétés bâties*, c'est-à-dire les maisons, usines manufactures, boutiques, ateliers, etc., etc., et en général tous les bâtiments qui sont affectés soit à l'habitation, soit à des usages industriels ou commerciaux.

Comme je vous l'ai dit précédemment, chaque construction est évaluée en deux parties, savoir : le *sol* sur le pied des meilleures terres labourables de la commune, — et l'*élévation* d'après la valeur locative qu'elle représente.

La contribution foncière n'atteint les propriétés

bâties qu'à partir de la troisième année de leur achèvement.

Le revenu imposable des *maisons*, boutiques et autres locaux de commerce, — à l'exclusion des usines dont nous allons spécialement parler tout à l'heure, — se base sur leur valeur locative réelle, déduction faite du quart de cette valeur locative en considération du *dépérissement* et des frais *d'entretien* et de *réparations*.

Le revenu imposable des *usines*, et je comprends dans cette qualification générique d'usines, les fabriques, manufactures, moulins, forges, etc., est déterminé d'après leur valeur locative, sous la déduction d'un tiers de cette valeur représentant, comme pour les maisons, les frais *d'entretien* et de *réparations* ainsi que le *dépérissement* qu'elles subissent.

Un assistant. — Quel est donc, je vous prie, le motif d'une déduction plus forte pour les usines que pour les maisons ?

Le père Bertrand. — Cette différence tient à ce que la détérioration des établissements industriels est généralement plus prompte que celle des maisons, et que leur entretien est aussi plus dispendieux.

On considère comme usines, et l'on impose d'après les principes que je viens d'exprimer, certains établissements qui ne sont pas fixés au sol mais qui flottent sur la mer, les fleuves ou les rivières, tels que par exemple les écoles de natation, les moulins, les bacs, les bains sur bateaux, les bateaux de blanchisserie, etc., etc.

Lorsque des machines à vapeur font partie intégrante des usines et qu'elles sont fixées à demeure, elles doivent être comprises dans l'évaluation du revenu imposable. Il en est de même des chaudières, cuves, etc., scellées dans la maçonnerie.

Ces dernières dispositions ne se rapportent pas aux métiers à carder, à filer ou à tisser, ni aux autres machines du même genre qu'on peut changer de place et qui ne représentent, pour ainsi dire, qu'un mobilier industriel roulant.

Un assistant. — Le mode d'imposition des maisons et usines que vous venez de nous expliquer, père Bertrand, nous paraît équitable en ce qui concerne les constructions récentes ; — mais n'est-il pas vicieux à l'égard de celles qui datent de très loin.... de l'époque du cadastre par exemple ? — Je veux dire qu'une maison dont la valeur locative était très-élevée autrefois a pu subir une importante dépréciation par suite de circonstances qui se présentent fréquemment, et que son propriétaire n'en est pas moins tenu de payer une contribution onéreuse pour un immeuble devenu à peu près improductif.— Le contraire peut aussi avoir lieu, et de la sorte l'impôt cesserait d'être en rapport avec le revenu de l'objet imposé.

Le père Bertrand. — Les revirements dont vous parlez ne se produisent guères qu'en masse et dans les grands centres de population, mais je n'en veux pas moins répondre à votre objection, ou plutôt vous faire remarquer que le légistateur a prévu le cas qui vous occupe.

En effet, la même loi qui a fixé les bases d'imposition de la propriété bâtie, a spécifié également que l'évaluation du revenu imposable des maisons et usines pourrait être revisée et renouvelée tous les dix ans sur la demande des conseils municipaux. Or, comme ce n'est guères que dans une période de dix années que peuvent se manifester les variations dont il s'agit, il en résulte qu'il dépend des municipalités de maintenir la proportionnalité d'impôt qui ne vous semblait pas suffisamment sauvegardée.

Un assistant. — Dans une précédente soirée vous avez dit, père Bertrand, que les démolitions complètes ou partielles provoquaient un dégrèvement de contribution en faveur des propriétaires, — rien de plus juste ; mais ces dégrèvements, puisqu'il s'agit ici d'une contribution de répartition, comme vous l'avez nommée, ne viennent-ils pas augmenter la quote-part des autres contribuables, — la somme totale assignée à la commune devant toujours être retrouvée ?

Le père Bertrand. — En aucune façon, mon ami, car l'administration des contributions directes forme chaque année un état qui fait ressortir les constructions, les démolitions et tous les mouvements de la matière imposable. Cet état remis aux conseils compétents leur permet de modifier en plus ou en moins, par commune, la part de la contribution foncière qui doit lui être attribuée pour l'année qui suivra.

Les mêmes précautions sont prises pour chacune des autres contributions de répartition, si bien que l'intérêt collectif des contribuables n'est jamais compromis par les dégrèvements que motivent des circonstances particulières.

Il importe cependant que je vous fasse observer que si les moindres faits qui se rapportent à la contribution foncière sont relevés pour la modification annuelle du contingent des communes, il n'en est pas tout-à-fait de même pour la contribution des portes et fenêtres, et celle dite personnelle et mobilière. — Ainsi, lorsqu'il n'y a eu ni augmentation ni diminution de construction, les ouvertures nouvellement pratiquées ou omises, de même que les ouvertures supprimées ou recensées à tort, ne provoquent pas de modification du contingent dont il s'agit, parce qu'en somme tous ces petits mouvements sont censés s'équilibrer.

D'un autre côté, en ce qui touche la contribution personnelle et mobilière, les augmentations ou diminutions de cotes particulières, la suppression de cotes anciennes et la création de nouvelles cotes, n'affectent pas le contingent qui ne se modifie que d'après l'importance des constructions ou des démolitions.

Ce sont là des principes généraux dont je n'avais pas cru d'abord devoir vous entretenir mais que je suis heureux de placer ici, ne serait-ce que pour

4

prouver aux répartiteurs mes confrères combien il importe qu'ils déclarent très-exactement, au moment du travail annuel des mutations, tous les faits concernant l'impôt qui sont venus à leur connaissance.

Il est essentiel, en effet, que les répartiteurs ne perdent pas de vue que, en ce qui touche particulièrement la contribution personnelle et mobilière, s'il leur arrivait de provoquer des réductions trop peu réfléchies dans le but de soulager tel ou tel, il en résulterait fatalement une augmentation pour tous les autres contribuables.

Cette restriction légale est même la sauvegarde de la proportionnalité de l'impôt de commune à commune, car si elle n'existait pas, on verrait des conseils de répartition — plus enclins à accorder des faveurs — faire diminuer annuellement le contingent de leur propre commune au détriment des autres communes de l'arrondissement.

Vous voyez, mes amis, que la législation qui nous occupe a partout son tempérament, et que ses dispositions sont si bien coordonnées que les intérêts généraux et les intérêts privés peuvent toujours marcher de front sans se froisser mutuellement.

Un assistant. — Voudriez-vous bien nous dire, père Bertrand, si nous avons droit à un dégrèvement d'impôts lorsqu'il nous arrive de transformer des maisons en bâtiments ruraux ?

Le père Bertrand. — Les règles qui se rapportent aux démolitions s'appliquent aussi aux trans-

formations en bâtiments ruraux des locaux précé-'
demment affectés à l'habitation ou au commerce,
avec cette restriction cependant qu'une démolition
peut donner lieu à un dégrèvement de contribution prenant date au premier jour du mois qui
la suit, tandis qu'une transformation, ne saurait
provoquer de diminution d'impôt qu'à partir de
l'année suivante.

Un assistant. — Si j'ai bien saisi votre pensée,
père Bertrand, vous avez voulu nous dire qu'en
cas de démolition nous sommes en droit de réclamer un dégrèvement pour les mois qui restent à
courir dans l'année commencée, mais que s'il s'agit
d'une transformation en bâtiment rural nous ne
pouvons profiter d'une diminution d'impôt qu'à dater
de l'année suivante.

Le père Bertrand. — C'est bien cela. — Je dois
déclarer toutefois qu'il s'agit ici d'une restriction
légale dont l'esprit m'échappe, mais que nous devons accepter comme ligne de conduite dans les cas
de l'espèce.

Un assistant. — Toutes les maisons et toutes les
usines, ou établissements industriels, sont-ils imposables à la contribution foncière ?

Le père Bertrand. — De même que pour la propriété non bâtie le législateur a consacré des
exemptions pour diverses constructions ; c'est du
reste le même principe qui a présidé à cette
mesure.

Ces exemptions comprennent, outre les bâtiments ruraux de toute nature, tous ceux dont la destination a pour objet l'utilité générale, savoir par exemple :

Les églises et temples consacrés à un service public, — les presbytères, — les mairies, — les maisons d'écoles, — maisons forestières, — maisons éclusières, — haras, etc., etc.; les fonderies de canons, — ateliers de construction de vaisseaux et agrès de marine, — manufactures d'armes, etc., etc., et en général tous les bâtiments non affermés appartenant à l'État, aux départements et aux communes.

Un assistant. — Lorsque des maisons qui appartiennent à des particuliers sont utilisées pour un service public, ces maisons sont-elles imposables à la contribution foncière ?

Le père Bertrand. — Ces maisons restent imposées à la contribution foncière, car elle ne cessent pas de donner un revenu à leurs propriétaires, et même un revenu supérieur à celui que produiraient des locations faites à des particuliers.

— Demandez à M. Michaud, par exemple, qui loue sa maison pour loger la brigade de gendarmerie, s'il n'est pas satisfait de se faire avec cette maison un revenu de 800 fr. bien régulièrement payé, tandis qu'autrefois il avait affaire à des gens qui le payaient mal et quelquefois même ne le payaient pas.

Le même assistant. — Il me semblait cependant

avoir entendu dire que M. Michaud dont vous parlez était exempt de contribution pour la caserne de gendarmerie ?

Le père Bertrand. — On vous a mal renseigné, ou plutôt on a dû vous dire que M. Michaud n'était plus chargé, pour la caserne, de l'impôt des portes et fenêtres dont l'administration des contributions directes fait d'office la radiation temporaire dans les cas analogues à celui qui nous occupe.

Un assistant. — Il est bien vrai, n'est-ce pas, père Bertrand, que nous ne devons d'impositions d'aucune sorte pour les maisons qui ne sont pas placées ?

Le père Bertrand. — Oui, si ces maisons sont destinées à la location ; — il vous suffit alors de présenter une demande pour obtenir, suivant le cas, une remise pour un *trimestre*, un *semestre* ou une *année entière* de leurs contributions foncière et des portes et fenêtres.

Mais je veux vous éviter des réclamations qui seraient certainement rejetées, en vous expliquant que les maisons utilisées pour serrer des récoltes ou autres produits agricoles et celles qui, par suite d'une circonstance quelconque, sont impropres à la location, ne sauraient profiter du bénéfice de la loi. En outre, il faut que les propriétaires soient en mesure de justifier qu'ils ont employé, pour faire connaître leur intention de louer, les moyens usuels de publicité, tels que l'apposition d'affiches ou d'écriteaux, l'insertion dans les journaux, etc.

Les mêmes dégrèvements s'accordent, d'après des principes identiques, à l'occasion des chômages d'usines et établissements industriels de toute nature.

Voilà, mes amis, tout ce que j'ai cru devoir vous dire sur la contribution foncière. Je pense n'avoir rien omis d'essentiel, mais cependant si quelques uns d'entre vous désiraient être édifiés sur telle ou telle question qui pourrait présenter quelqu'importance, et que je n'aurais pas traitée, je les engage à produire leurs observations...

Un assistant. — Je profite de la faculté que vous nous offrez, père Bertrand, pour vous demander si tous les immeubles sont fatalement imposables et si, lorsque le revenu d'un champ est inférieur à sa contribution, nous ne sommes pas en droit de nous exempter de cette contribution, en cessant de cultiver le champ dont il s'agit et d'en retirer un profit quelconque.

Le père Bertrand. — Aucun contribuable ne peut s'affranchir de l'impôt foncier à moins d'abandonner à la commune le terrain qui en est l'objet. Dans ce cas il doit faire au secrétariat de la sous-préfecture la déclaration d'un abandon perpétuel.

Ce moyen légal existe, et je vous en fais part, mais je vous conseille vivement de ne jamais en user, car tout propriétaire n'ayant que du bon sens saura utiliser les terrains réputés improductifs et pensera qu'il lui est plus avantageux d'en conserver la possession que de réduire son impôt de dix à quinze

centimes par hectare. — En outre, ce propriétaire peut
se trouver dans le cas de céder moyennant un prix
relativement élevé, tout ou partie des terrains dont
il s'agit si l'on vient à créer des chemins de fer, des
routes agricoles, des canaux etc., et de retirer ainsi
un bénéfice inattendu auquel viendrait s'ajouter une
plus-value pour ses immeubles limitrophes, personne de vous n'ignorant, en effet, que les grandes
tranchées et les fossés des routes constituent un
drainage à ciel ouvert qui profite à toute une contrée.

A cette occasion je placerai une remarque que
j'ai faite pour la Sologne qui m'avoisine, remarque
plus applicable encore peut-être aux Landes, aux
Dombes et aux autres pays marécageux ; c'est que
l'hygiène publique a beaucoup gagné au drainage
et à l'ouverture des grandes voies de communication de toute nature dont le Gouvernement a pris
l'initiative depuis quelques années. — Les gens de
l'art affirment en effet que ces divers travaux d'utilité publique et les desséchement de marais ont fait
varier de plusieurs degrés la température moyenne
des régions que je vous cite.

Voilà bien, sans contredit, un véritable progrès
très-digne d'attention, même pour les esprits les
moins observateurs, et qui devrait exciter toute
votre émulation !

En améliorant votre terre qui est votre mère
nourrice, non-seulement vous pouvez lui faire rapporter davantage, mais aussi sauvegarder la santé
de vos familles, puisqu'en même temps vous corri-

gerez une insalubrité atmosphérique qui fait tant de victimes.

Pénétrez-vous donc, mes amis, de l'idée que c'est la masse des intérêts privés qui forme l'intérêt général; — Apportez chacun une petite part du remède nécessaire pour guérir un grand mal, et vous serez un jour tout surpris de l'immense résultat que vous aurez obtenu.

SEPTIEME VEILLÉE

CONTRIBUTION DES PORTES ET FENÊTRES. — Taux variable suivant la population des communes. — Ouvertures imposables. — Portes cochères, — portes ordinaires. — Taux uniforme pour les ouvertures ordinaires de dimensions différentes. — Exemptions. — Vacances de maisons et chômages d'usines.

Le père Bertrand. — La CONTRIBUTION DES PORTES ET FENÊTRES dont je vous entretiendrai ce soir, est déterminée par un tarif qui range les maisons en catégories et dont le taux s'élève en raison de la population.

Ce taux est uniforme pour les communes ayant moins de cinq mille habitants, c'est-à-dire pour celles qui nous occupent tout particulièrement.

Les agents de l'administration des contributions directes m'ont bien dit, dans maintes occasions, que lorsque la population d'une commune atteignait cinq mille âmes, les maisons situées en dehors de l'octroi (dans la banlieue), étaient moins imposées que celles faisant partie de l'agglomération ; —

ils m'ont appris aussi que dans les villes de dix milles âmes et au-dessus, les fenêtres des troisième, quatrième étages, etc., étaient soumises à une taxe moins élevée ; mais ces dispositions spéciales aux grands centres nous intéressent peu.

Dans une de nos précédentes réunions, je vous disais que les portes et fenêtres de toutes les nouvelles constructions devenaient imposables dès que ces constructions pouvaient être habitées ; aujourd'hui je vais entrer dans des détails en vous énumérant les ouvertures imposables et celles qui ne' le sont pas.

Un assistant. — Je croyais, père Bertrand, que toutes les ouvertures *extérieures* étaient passibles de l'impôt ?

Le père Bertrand. — Ce que vous dites là est vrai en principe, père Chantrel, mais les exceptions sont nombreuses...

Le père Chantrel. — Combien y a-t-il d'espèces d'ouvertures imposables ?

Le père Bertrand. — Deux espèces seulement : les portes cochères ou charretières, et les ouvertures ordinaires.

Le père Chantrel. — Comment, deux espèces seulement ! Eh bien, et toutes les petites fenêtres, les œils de bœuf, les jours de souffrance qu'on pratique par ci par là pour avoir un peu plus d'air ou de lumière, dans quelle catégorie les rangerez-vous donc ?

Le père Bertrand. — Dans la catégorie des ouvertures ordinaires.

Le législateur a cherché à proportionner autant que possible la taxe des ouvertures à l'importance des maisons, mais il n'a pu s'arrêter à la forme non plus qu'à la dimension de ces ouvertures : — je dirai plus, il ne l'a pas voulu...

Un assistant. — Comment il ne l'a pas voulu ! — mais c'est profondément injuste ce qu'il a fait là !

Le père Bertrand. — Non, mon ami, ce n'est pas injuste, c'est au contraire très-équitable et très-humanitaire. Ecoutez-moi quelques instants et vous serez tous de mon avis, j'en suis convaincu. Supposez que la loi ait consacré une imposition variable et décroissante suivant la dimension des ouvertures, il en serait résulté d'abord une grande difficulté pour leur classement, puisqu'il eût fallu créer une série de catégories qui n'en finirait plus. —Vous verriez d'autre part, beaucoup de constructeurs qui, pour alléger leurs charges contributives, pratiqueraient partout de petites ouvertures absolument indispensables pour donner un peu de lumière, et s'abstiendraient de celles plus spacieuses, qui apportent en même temps la salubrité dans les habitations. Qui souffrirait de cet état de choses? Vous fermiers, vignerons, manœuvres, journaliers, qui êtes généralement logés chez autrui. — Qui me dit même que, dans un but d'économie mal entendu, puisque cette économie serait préjudiciable à votre santé,

— qui me dit que les maisons que vous seriez dans le cas d'édifier pour votre usage personnel ne seraient pas établies sur ces données vicieuses, et que vous ne lésineriez pas avec l'impôt en les éclairant à l'aide d'ouvertures de la dernière catégorie !

Pour mémoire seulement, quoique cette considération ait bien son importance, j'ajouterai qu'un système d'ouvertures disparates produit le plus mauvais effet et nuit à la commodité des logements; — qu'au contraire les constructions régulières ne coûtent pas plus et donnent aux rues des bourgs et villages un caractère d'ensemble qui flatte la vue et manifeste le bon goût des habitants.

Il faut que je vous fasse remarquer aussi que l'intérêt des campagnes a, comme toujours, été sauvegardé pour la contribution des portes et fenêtres. — En effet, une porte cochère ou charretière paie environ trois fois plus d'impôt qu'une porte ordinaire, mais si pour vous la porte cochère est un objet d'utilité première, elle ne fait en général dans les villes populeuses, qu'accuser l'aisance, donner accès aux équipages et voitures de luxe, ou faciliter les chargements dans les grosses maisons de commerce, — si bien que là un impôt élevé est justement assis.

Le législateur, pénétré de la différence de ces situations, a décidé qu'une porte cochère ne serait recensée comme telle qu'autant qu'une maison comporterait plus de cinq ouvertures ordinaires, — et vos maisons en ont généralement moins.

Il a également consacré que dans une ferme ou

une exploitation agricole, alors même que le nombre
de cinq ouvertures ordinaires serait dépassé, on ne
compterait qu'une seule porte cochère quoiqu'il en
existât plusieurs, et que les autres seraient classées
comme ouvertures ordinaires.

Maintenant, toutes ces explications données, crie-
rez-vous encore à l'injustice ?

Plusieurs assistants. — Non, non !

Le père Bertrand. — Nous en étions à la désignation des ouvertures imposables :

On recense comme imposables toutes les portes et
fenêtres donnant sur les rues, cours, jardins, etc.,
pourvu qu'elles soient closes par des grilles, claire-
voies, des croisées, de simples volets, des chassis
dormants ou mobiles, qu'elles soient vitrées ou garnies avec du canevas, de la toile, du papier, etc., —
et qu'elles donnent accès, jour ou air, aux maisons
d'habitation ou aux locaux destinés au commerce
et à l'industrie, tels que boutiques, ateliers, usines, etc.

Un assistant. — Il me semblait avoir entendu
dire que les ouvertures des usines ne devaient pas
être imposées ?

Le père Bertrand. — Vous confondez *usines* avec
manufactures, mais je vais revenir sur ce sujet dans
un instant.

— Sont également passibles de l'impôt les portes
et fenêtres qui donnent sur les galeries extérieures,
lorsque ces galeries ne sont pas elles-mêmes closes

à leürs extrémités ; — la porte d'une grange ou d'un hangar sis sur la voie publique, lorsque cette porte donne accès à la maison.

On impose aussi (comme portes cochères ou ordinaires, suivant le cas) celles qui ouvrent sur des enclos renfermant des habitations, magasins, chantiers, etc., — alors même qu'elles ne seraient ni pleines ni couvertes.

Si une porte cochère ou ordinaire est commune à plusieurs maisons appartenant à différents propriétaires, la taxe de cette porte doit être répartie entre chacun d'eux, proportionnellement à la contribution foncière assise sur lesdites maisons.

Pour les devantures d'ateliers et boutiques, on compte autant d'ouvertures qu'il existe de séparations solides, en fer, en pierres ou en bois.

Un assistant. — Je vais vous exposer un cas qui se présente pour moi, père Bertrand, afin que vous me donniez votre avis, si vous le voulez bien.

Je possède un pavillon dans un enclos ; ce pavillon était autrefois habité par une famille bourgeoise qui, avec sa voiture, pénétrait jusqu'au perron, mais depuis longtemps j'en ai repris la jouissance : — j'ai fait rétrécir les allées, et j'ai même pratiqué des plantations d'arbres fruitiers qui rendraient impossible aujourd'hui la circulation d'une voiture et l'empêcheraient notamment d'arriver jusqu'à l'habitation. — Est-il juste, dans ces conditions, que je reste imposé pour la porte cochère de mon enclos ?

Le père Bertrand. — Si les faits que vous exprimez sont bien exacts, la porte cochère dont il s'agit ne doit plus être comptée que comme porte ordinaire.

Le même assistant. — Je dois donc présenter une réclamation ?

Le père Bertrand. — Vous auriez pu le faire au commencement de l'année, mais les délais sont expirés.

Le même assistant. — Puisqu'il est trop tard pour réclamer maintenant, je vais attendre l'arrivée du contrôleur, et je le prierai de me déclasser cette ouverture.

Le père Bertrand. — C'est le moyen le plus simple, et soyez assuré que le contrôleur s'empressera de vous donner satisfaction, après avoir vérifié au vu des lieux l'exactitude de votre déclaration.

Je viens de vous énumérer la généralité des ouvertures imposables, il ne me reste plus à vous indiquer que celles qui ne le sont pas

La loi exempte les portes et fenêtres des *manufactures*, c'est-à-dire dire des établissements industriels où les produits se fabriquent à la main....

Un assistant. — Pourquoi donc cette exemption toute spéciale ?

Le père Bertrand. — Parce que ces établissements réunissent un grand nombre d'ouvriers, et que le législateur s'est constamment préoccupé de l'intérêt des masses et de l'hygiène pu-blique.

Il faut de l'air dans ces ateliers pour y entretenir la salubrité ; il faut aussi beaucoup de lumière afin de ne pas fatiguer la vue qui là s'applique ordinairement à des travaux de précision. — Ces conditions pourraient manquer si la loi n'avait pris le soin de consacrer une immunité qui ne laisserait aucune excuse à certains industriels peu désireux du bien-être des gens qu'ils emploient.

Un assistant. — C'est une bonne pensée qu'a eu là le législateur !

Le père Bertrand. — Les ouvertures des bâtiments ruraux ne sont pas imposables, non plus que celles de divers bâtiments dépendant des maisons d'habitation, tels que remises et écuries, greniers, caves, etc. ; — il en est de même pour les serres et orangeries, si elles sont séparées et ne constituent pas, comme cela arrive fréquemment, une annexe à l'habitation. — Cependant, l'impôt est dû pour les maisons ou portions de maisons qui, quoiqu'habitables, servent à serrer des récoltes ou des produits agricoles, car il ne s'agit ici que d'une affectation temporaire.

Pour qu'une maison puisse être considérée comme bâtiment rural il faut, en général, que les plafonds et les cheminées soient écrasés.

Quelques mots enfin, quoique cela ait moins d'importance pour vous, sur les exemptions qui se rapportent aux édifices publics.

Les églises, mairies, hospices, hôpitaux, écoles communales, halles, abattoirs, et toutes les propriétés bâties consacrées à un service public ne sont pas assujettis à la contribution des portes et fenêtres ; mais cependant les logements particuliers concédés à titre gratuit dans des bâtiments de l'Etat, des départements ou des communes n'ont point droit à cette exemption et les ouvertures qu'ils comportent doivent être inscrites au nom de l'occupant. —Ainsi, pour m'en tenir aux exemples que vous avez le plus habituellement sous les yeux dans les campagnes, on impose nominativement : les curés pour les ouvertures de leur presbytère, les instituteurs pour celles de leur logement personnel, les gardes des forêts pour les maisons forestières, les éclusiers pour l'habitation qui leur est consacrée, etc., etc.

Je termine cette veillée en vous disant que le dégrèvement de la contribution foncière, pour vacances de maisons ou chômages d'usines, est étendu à celle des portes et fenêtres ; — il en est de même pour les démolitions.

Dimanche prochain, nous nous occuperons de la contribution *personnelle et mobilière.*

HUITIÈME VEILLÉE.

Le père Bertrand. — Nous sommes arrivés, mes amis, à la Contribution personnelle et mobilière, qui nécessitera de nombreuses explications, car elle est généralement mal comprise par les contribuables et, je dois le dire aussi, souvent mal appliquée dans les campagnes par les répartiteurs. — Cette application défectueuse tient surtout à la difficulté d'attribuer une valeur locative réelle aux habitations rurales.

Les répartiteurs des grandes villes éprouvent peu d'embarras pour asseoir la contribution personnelle et mobilière, parce qu'ils procèdent d'après des données pour ainsi dire mathématiques. Il leur suffit en effet de savoir si tel contribuable est indigent ou non, et d'autre part de rechercher le montant de son loyer s'il est locataire, ou l'importance de son logement si ce logement lui appartient. Les ressources du contribuable dont il s'agit étant reconnues suffisantes, on l'impose à la taxe personnelle : — on applique ensuite, non pas à l'individu qui ne représente qu'un nom, mais bien à l'appartement qu'il occupe, une cote mobilière ; — et dès-lors on est assuré d'être dans le vrai ou de ne s'en écarter que faiblement.

Dans les communes rurales, point de baux à loyers pour constituer des bases générales ; les seuls auxquels on pourrait recourir sont des baux à ferme qui englobent bien les maisons mais n'en spécifient pas la valeur.

Il faut donc que les répartiteurs de campagne, agissent avec un tact extrême pour respecter la loi d'une part, puisque la loi doit toujours être respectée, et pour arriver d'un autre côté à ne pas froisser l'égalité proportionnelle sur laquelle repose tout le système de la contribution mobilière.

Je vais, à cause des difficultés que je vous signale, développer de mon mieux toutes les questions que fait naître à chaque instant, dans nos campagnes, la contribution qui nous occupe.

La CONTRIBUTION PERSONNELLE ET MOBILIÈRE se compose de deux taxes : la taxe *personnelle* et la taxe *mobilière*.

Tout habitant français ou étranger, jouissant de ses droits et non réputé indigent, est passible de la taxe *personnelle*.

Sont considérés comme jouissant de leurs droits : les chefs de ménage, — les veuves, — les femmes mariées légalement et effectivement séparées de leurs maris, — les garçons et filles majeurs ou mineurs qui, par leurs professions ou par les héritages qu'ils ont recueillis, possèdent des moyens d'existence assurés en dehors de la fortune des parents avec lesquels ils habitent.

La taxe personnelle est fixée sur la valeur de trois journées de travail, sans que le prix moyen de chaque journée puisse excéder 1 fr. 60 c., ni être inférieur à 50 c.

Dans nos campagnes, — les chefs-lieux de cantons généralement exceptés, — cette taxe est souvent de 1 fr. 50 c. et dépasse rarement 2 fr. 40 c., c'est-à-dire que le taux de la journée de travail n'est pas évalué à plus de 80 c.

Cette évaluation est faite par le conseil général à raison de l'importance des communes et des avantages dont elles jouissent.

La taxe personnelle est due au lieu du domicile réel. — En principe, on considère comme domicile réel la commune où l'on réside le plus souvent et où l'on a sa principale habitation.

Un assistant. — Combien faut-il de temps de résidence dans une localité pour y être inscrit à la contribution personnelle ?

Le père Bertrand. — Lorsque le contrôleur fait sa tournée générale des mutations, il impose pour l'année suivante tous les nouveaux domiciliés dans les communes, sans rechercher depuis quelle époque ils y sont résidants ; — il agit de la même façon à l'égard de toute personne qui, par suite de circonstances nouvelles, doit être considérée comme jouissant de ses droits...

Un assistant. — Voulez-vous me permettre de vous interrompre, père Bertrand, pour vous demander quels sont les individus que la loi désigne comme *jouissant de leurs droits ?*

Le père Bertrand. — Il n'y a qu'un instant je les ai énumérés, et je crois inutile de revenir sur ce sujet...

Le même assistant. — Si j'insiste, père Bertrand, c est que vous avez compris parmi ceux qui jouissent de leurs droits les enfants mineurs, et qu'il me semble difficile d'admettre qu'on soit dès le berceau passible de la taxe personnelle.

Le père Bertrand. — Ces enfants sont cependant imposables, et imposables nominativement, dès le jour où ils ont recueilli tout ou partie de la succession de leurs parents, c'est-à-dire lorsqu'ils sont orphelins de père ou de mère ; mais je n'ai pas besoin d'ajouter que dans les cas de l'espèce les répartiteurs agissent avec une grande réserve et n'imposent parmi les mineurs que ceux dont l'existence est largement assurée.

Un assistant. — Mais en retournant la question, je vous demanderai, père Bertrand, si le père ou la mère qui se sont démis de leur avoir en faveur de leurs enfants ne doivent pas être exempts de toute cotisation, puisqu'ils ne possèdent plus rien ?

Le père Bertrand. — Ces gens-là doivent continuer à être cotisés, car ils n'ont fait abandon de leur bien que sous condition d'une pension en argent ou en nature, et ils ne sauraient dès-lors être considérés comme indigents.

Un assistant. — Les domestiques et gens de service sont-ils imposables à la taxe personnelle ?

Le père Bertrand. — Oui, s'ils sont logés chez eux ou s'ils ont une habitation particulière chez le maître qui les emploie ; — Non, si le logement et la nourriture leur sont fournis.

Je passe maintenant à la contribution mobilière, sans abandonner cependant la taxe personnelle dont nous aurons occasion de reparler pendant toute cette veillée.

La contribution *mobilière* est basée sur l'importance du logement de chaque habitant, déduction faite des locaux affectés au commerce, à l'industrie ou à l'agriculture : c'est-à-dire que l'on ne comprend dans l'évaluation du loyer que ce qui est consacré à l'habitation.

Les cotes mobilières s'établissent dans chaque commune suivant une proportion convenue et uniforme dont le taux peut varier d'une localité à une autre : — c'est ainsi qu'à Orléans, par exemple, la base de la cotisation représente le tiers de la valeur locative réelle de l'habitation, tandis qu'à Neuville elle en représente le quart, etc., etc. — Que cette proportion convenue soit plus faible ou plus élevée, personne n'en souffre, car il s'agit ici d'un impôt de répartition (comme je vous l'ai expliqué dans une de nos premières réunions), et la quote-part attribuée à chaque individu ne se ressent nullement de ce mode d'assiette, puisque le centime-le-franc augmente quand la base diminue et réciproquement.

La contribution mobilière, malgré sa dénomination, n'est pas déterminée par la valeur du mobilier qui garnit le logement des contribuables, mais bien et exclusivement par la valeur locative de l'habitation vide de meubles.

Cette disposition légale est fréquemment mise de côté dans les communes rurales, et l'on voit des répartiteurs diminuer la cote mobilière d'un fils auquel la maison paternelle est échue en partage, par le motif que les meubles qu'elle renfermait en ont été en partie distraits. — Il est vrai, que par une compensation tout aussi irrégulière, ces répartiteurs augmentent la cotisation des autres héritiers qui ont enlevé ces meubles pour les transporter dans leur propre habitation.

J'ai souvent recherché pourquoi on tourmentait de la sorte un impôt qui ne demande qu'à rester bien assis, car en réalité tous ces mouvements de matière imposable, outre qu'ils sont illégaux, opèrent leur petite révolution dans un cercle à peu près invariable et arrivent fatalement à reconstituer en peu d'années, pour les mêmes contribuables, une même quote-part d'imposition.

Restons donc dans la légalité ; — tout le monde y trouvera son profit. — Cessons de dire avec ceux qui ne veulent pas s'avouer à eux-mêmes qu'ils ne comprennent pas certaines lois, que ces lois n'ont pas été faites pour la campagne... C'est un mauvais prétexte pour masquer leur ignorance.

Que nous ne saisissions pas la portée de telle ou telle disposition légale, surtout lorsque nous ne l'avons jamais étudiée, ce n'est pas étonnant, — mais que nous en faussions l'esprit, et même la lettre, lorsqu'on nous donne qualité pour l'appliquer, cela est beaucoup plus grave et les répartiteurs devraient y regarder à deux fois !

En principe, mes amis, toute les lois ont été longuement élaborées et discutées par des gens plus forts que nous, qui ont su mieux que nous sauvegarder nos intérêts à tous les points de vue, et ma vieille expérience m'a prouvé que chacune de ces lois gagnait toujours à être connue.

Quelqu'un pourrait m'arrêter ici pour me dire que je me pose en légiste, quoique je vous aie déclaré, dès notre première veillée, que je ne vous ferais aucune citation de loi. — L'observation ne serait pas juste, car vous remarquerez que je ne m'appuie pas sur des *textes* à l'endroit desquels vous êtes peut-être plus instruits que moi, et que je me contente de vous faire part d'impressions qui sont miennes ou qui m'ont été communiquées par de bons esprits.

A défaut de savoir il est bien permis, n'est-ce pas, d'avoir un peu de jugement ou de mémoire ?

D'ailleurs si j'ai été amené à vous faire cette réflexion, c'est que je viens d'entendre dire auprès de moi : « Voilà le père Bertrand qui devient bien savant ! »

— Non, mes amis, je ne suis pas savant et si je l'étais je ferais tous mes efforts pour ne pas le paraître vis-à-vis de vous, parce que nos entretiens doivent rester simples pour rester utiles.

Un assistant. — Moi, père Bertrand, je viens d'être récemment nommé répartiteur dans une commune voisine de la vôtre, et je serais heureux de profiter des conseils que vous semblez tenir en réserve pour ceux auxquels est confiée cette fonction, — spécialement en ce qui concerne la contribution mobilière dont l'assiette, nous avez-vous dit, présente d'assez nombreuses difficultés.

Le père Bertrand. — Je suis tout disposé à vous tracer une ligne de conduite, d'autant mieux que ce petit enseignement ne sera pas sans profit pour l'ensemble de mes auditeurs.

La mission des répartiteurs, pour l'établissement de la contribution mobilière, consiste à ne taxer les contribuables qu'en raison de la valeur locative du logement qu'ils occupent, sans se préoccuper de l'importance de leurs propriétés, de la somme de leurs revenus, du prix que peut atteindre leur mobilier, — en un mot, de leurs facultés présumées.

Toute tendance contraire aurait pour résultat de donner aux fonctions des répartiteurs un caractère d'inquisition incompatible avec leur dignité, et de substituer à une prescription légale de vagues appréciations quelquefois dictées par un esprit de coterie.

Redisons que chaque logement doit être, eu égard à la fixation de la contribution mobilière, apprécié et estimé comme vide de meubles et qu'il faut écarter toute autre considération se rapportant à la fortune ou aux charges des contribuables. — Voilà la règle générale.

L'assistant répartiteur.— Ces instructions s'éloignent tellement du mode d'imposition qui semble accepté dans ma commune que vous voudrez bien me permettre, père Bertrand. de vous adresser encore quelques questions ?

Le père Bertrand. — Très-volontiers

Le même assistant. — Le fermier Leroy a un bail de huit mille francs ; il réalise annuellement d'importants bénéfices : Ses bâtiments ruraux, granges et bergeries sont considérables, mais sa maison d'habitation est très-restreinte, trop restreinte même, puisque depuis plusieurs années il tourmente son propriétaire pour y ajouter deux ou trois pièces qui lui sont indispensables. Ce fermier qui est un des hommes les plus aisés de notre pays devrait donc être imposé, d'après vos explications, au même taux que divers manœuvres logés comme lui ?

Le père Bertrand. — Oui, sans contredit.

Le même assistant. — D'un autre côté, le père Mathieu, également fermier, habite le château de la Gravière que son propriétaire, à cause de l'état de vétusté dudit château, lui a abandonné en entier. Ce fermier là doit-il la contribution mobilière sur une série d'appartements dont une partie n'est utilisée que pour y mettre du grain, puisque le rez-de-chaussée est plus que suffisant pour le loger lui et sa famille ?

Le père Bertrand. — Évidemment non. — Les appartements du premier et du deuxième étage ne sont pas meublés ; ils sont en mauvais état et servent, vous l'avez dit, à des usages ruraux ; dès-lors on ne peut considérer ces appartements comme faisant partie de l'habitation du père Mathieu, qui a même déclaré à son propriétaire, nous le savons tous, qu'il l'embarrassait plus qu'il ne l'avantageait en laissant à sa disposition l'entière jouissance d'une demeure beaucoup trop vaste pour ses besoins.

Le même assistant. — Mais celui qui détient et entend se réserver toute une maison comportant un grand nombre de pièces et qui n'en a meublé qu'une partie, comment l'imposerez-vous ?

Le père Bertrand. — Pour la maison entière.

Il ne s'agit plus ici d'une circonstance exceptionnelle, et en principe la valeur locative d'une habitation doit servir de base à la contribution mobilière, — que cette habitation soit entièrement ou en partie meublée.

L'énumération des éléments d'imposition de la contribution mobilière sera complète quand je vous aurai dit qu'on doit y faire figurer les écuries et remises de luxe, les cours d'honneur, les serres et orangeries qu'on apprécie pour la plus-value locative qu'elles donnent aux habitations dont elles dépendent, — Inutile d'ajouter que ces derniers éléments ne se rapportent guères dans la campagne qu'aux châteaux et maisons de plaisance.

Un assistant. — Peut-on être imposé à la taxe personnelle sans payer une taxe mobilière, et supporter une taxe mobilière sans être astreint à la taxe personnelle ?

Le père Bertrand. — La taxe personnelle est due, comme je vous l'ai dit, dans la commune du domicile réel, — et n'est due qu'une fois ; — mais si un propriétaire a plusieurs résidences, il doit être assujetti à la contribution mobilière dans chacune des autres communes où il a une habitation meublée.

D'un autre côté, les répartiteurs sont en droit de n'imposer qu'à la taxe personnelle, en les exonérant de la cote mobilière, les individus qu'ils considèrent comme peu aisés.

Les indigents sont exempts de toute cotisation. Dans le terme générique d'indigents, on doit comprendre toute personne qui ne possède rien et ne gagne que l'argent nécessaire pour suffire à ses besoins journaliers et ceux de sa famille.

Dans les villes ayant un octroi, mais cette particularité a peu d'intérêt pour vous, le contingent personnel et mobilier peut, sur la demande qui en est faite au préfet par les conseils municipaux, et après l'approbation du Gouvernement, être acquitté en totalité ou en partie par les caisses municipales. — Dans ces villes, on exempte tous les habitans de la cote personnelle, ou l'on exonère de la contribution personnelle et mobilière ceux dont le loyer est inférieur à un chiffre déterminé. — Cette dernière mesure est naturellement tout en faveur des classes peu aisées et de la population ouvrière.

Un assistant. — Est-on en droit d'imposer à la contribution mobilière les ouvriers qui s'installent dans des chambres que divers logeurs ou propriétaires ont l'habitude de leur louer garnies de meubles ?

Le père Bertrand. — Ces ouvriers sont imposables à la contribution personnelle ; ils sont également passibles de la contribution mobilière, quoique ne possédant aucun meuble, puisque cette taxe est établie, je vous le répète, non pas sur la valeur du mobilier, mais bien d'après l'importance du logement qu'on occupe, considéré comme non garni.

Il importe toutefois de n'imposer ces gens-là qu'avec une grande circonspection, car ils sont généralement nomades, et le recouvrement de leur contribution présenterait, par suite, d'assez grandes difficultés.

Un assistant. — Lorsqu'une personne décède dans le courant de l'année, ses héritiers ne sont-ils pas fondés à demander une réduction de sa contribution personnelle et mobilière ?

Le père Bertrand. — Non, mon ami, la contribution personnelle et mobilière régulièrement établie au 1er janvier est due pour l'année entière, et, en cas de décès dans le courant de l'année, elle doit être soldée intégralement par les héritiers de celui auquel elle a été attribuée.

Un assistant. — Vous nous avez dit dès le commencement de vos leçons, père Bertrand, qu'un contribuable décédé avant le 1er janvier, mais après le passage du contrôleur, restait imposé pour l'année suivante à la taxe personnelle, mais qu'il suffisait d'une demande à M. le Préfet pour obtenir le dégrèvement de cette taxe. — En est-il de même pour la cote mobilière ?

Le père Bertrand. — La cote mobilière est due si le logement du contribuable décédé est resté garni de meubles, et si, à la date du 1er janvier, il est encore à la disposition des héritiers. Ce n'est que dans le cas où tous les meubles auraient été enlevés avant le commencement de l'année qu'une réclamation pourrait être produite utilement.

Il me reste à vous dire en terminant cette veillée, que toute personne qui aurait changé de résidence dans les derniers mois de l'année, devrait sa contribution personnelle et mobilière au lieu de son ancien domicile, si elle ne pouvait justifier de son imposition dans la commune de sa nouvelle habitation.

NEUVIÈME VEILLÉE.

Le père Bertrand. — Jusqu'à ce moment j'ai traité avec vous des questions qui laissaient un champ assez libre à l'appréciation, mais la contribution des patentes, dont nous allons nous occuper ce soir, est assise sur des bases fixes, uniformes et mathématiques qu'il ne nous appartient guères de discuter ; aussi vous prierai-je d'être assez sobres d'interruptions.

Cette contribution, quoiqu'elle n'atteigne qu'un nombre limité de personnes, dans les communes rurales surtout, n'en est pas moins très-intéressante pour mon auditoire.

La Contribution des patentes est due par tout individu français ou étranger qui exerce en France un commerce, une industrie ou une profession, — sauf des exceptions que la loi a déterminées.

Elle se compose d'un *droit fixe* et d'un *droit proportionnel*.

Le *droit fixe* est réglé par un tarif et divisé en trois tableaux : — tableaux A, B et C.

Le tableau A, comprend les commerçants ordinaires et les artisans qui occupent des ouvriers ; — ceux-là sont imposés eu égard à la population, et distribués en huit classes dont chacune comporte un droit fixe différent.

On a rangé dans le tableau B, les gros commerçants qu'on impose aussi d'après la population, mais suivant une classification exceptionnelle.

Dans le tableau C, sont compris les industriels proprement dits ; — ils sont imposés, sans égard à la population, d'après un droit fixe déterminé, droit fixe égal pour tous ceux qui appartiennent à une même catégorie, mais que vient augmenter l'importance des entreprises, le nombre des ouvriers ou le genre des machines dont il est fait usage.

Je ne vous parlerai qu'en passant d'un quatrième tableau, dénommé tableau D ; celui-là ne comprend que les variations du taux du droit proportionnel et l'énumération des diverses professions libérales que la loi n'assujettit à la patente que depuis quelques années.

Un assistant. — Ces différents tableaux devant avoir leur raison d'être, vous nous obligeriez beaucoup, père Bertrand, en faisant suivre leur nomenclature de quelques explications.

Le père Bertrand. — Je ne m'y refuse pas. — Tous les commerçants exerçant des professions similaires ne pouvaient être classés sans avoir égard à la population, car il est évident que le boutiquier ou l'artisan qui habite un bourg ou un simple hameau, a moins de chances de vente, et conséquemment moins de chances de bénéfice, que celui qui exerce la même profession dans une ville très-peuplée ; il a donc paru juste d'appliquer à cette première série de commerçants un droit fixe variable suivant l'importance des localités, — d'où les tableaux A et B.

D'un autre côté, il était tout aussi équitable d'attribuer une taxe uniforme — en ce qui touche le droit fixe — aux armateurs, fabricants, usiniers, fournisseurs des troupes, entrepreneurs de transports par terre ou par eau, marchands forains, etc.. etc., quel que fût d'ailleurs le lieu de leur résidence, parce que les patentables de cette catégorie peuvent établir entr'eux une concurrence d'affaires, sans que les chances de succès soient plus probables pour ceux qui habitent les grandes villes que pour ceux qui ont leur résidence dans les communes rurales.— Ces considérations, et beaucoup d'autres sans doute, ont provoqué l'ouverture du tableau C, qui comporte un droit fixe sans égard à la population, mais un droit fixe mixte ayant un point de départ déterminé dont le chiffre, relativement faible, s'élève graduellement suivant le nombre des ouvriers ou l'importance des moyens de production.

Quant au tableau D, je vous le répète, il se rapporte au règlement du taux du droit proportionnel et à l'imposition des professions libérales, notamment celles des notaires, greffiers, huissiers, vétérinaires, etc. — La loi récente qui a rendu ces dernières professions passibles de la patente, pour les faire rentrer dans le droit commun, ne pouvant tarifer des éléments bien déterminés à l'égard de personnes qui ne font point acte de commerce et ne se distinguent que par leur aptitude ou leur réputation, leur a appliqué seulement un droit proportionnel à raison du quinzième de la valeur locative des locaux qu'ils occupent, à l'exclusion de tout droit fixe.

Un assistant. — Si j'ai bien saisi vos explications, père Bertrand, tout individu exerçant un commerce ou une industrie pourrait être frappé : soit d'un droit fixe variable eu égard à la population ; soit d'un droit fixe invariable quelle que soit l'importance des localités ; soit enfin d'un droit fixe déterminé par l'espèce même de la profession, mais susceptible d'accroissement suivant le nombre des ouvriers, le chiffre des travaux et fermages résultant des adjudications publiques, ou l'importance des établissements industriels.

D'autre part quelques industries spéciales, et les diverses professions libérales imposées à la patente par une loi récente, ne seraient taxées que d'après l'importance des maisons ou logements de ceux qui exercent ces professions.

Le père Bertrand. — C'est bien exactement ce que j'ai voulu exprimer.

Un assistant. — Lorsqu'un même individu exerce plusieurs professions, ne doit-il pas être astreint à plusieurs droits fixes ?

Le père Bertrand. — Non, mais il doit lui être appliqué, outre le droit fixe relatif à son établissement principal, c'est-à-dire celui donnant lieu à la taxe la plus élevée, autant de demi-droits additionnels qu'il exerce de professions différentes, à la condition cependant qu'elles seront exercées dans des locaux séparés ou très-distincts. En outre, si un patentable, quoique n'ayant qu'une seule profession, détient une boutique ou magasin de vente dans plusieurs communes, il est passible d'un demi-droit fixe dans chacune de ces localités.

Au début de cet entretien, je vous ai dit que la contribution des patentes se composait d'un droit fixe et d'un droit proportionnel, je passe à la définition et au mode d'application de ce second droit.

Le *droit proportionnel* est fixé au 20ᵉ de la valeur locative pour toutes les professions imposables, sauf les exceptions énumérées au tableau **D**.

Vous comprendrez facilement le sentiment d'équité qui a présidé à la création de ce tableau.

Ainsi on a porté au 15ᵉ, au lieu du 20ᵉ, le taux

6

du droit proportionnel assigné aux marchands en gros, escompteurs, banquiers, négociants, commissionnaires, courtiers, adjudicataires de travaux publics, armateurs, maitre de bâteaux, marchands forains, etc., etc.

Ce taux plus élevé est rationnel, car il est certain que le boutiquier et l'artisan sont obligés de choisir des locaux sur la voie publique et dans les quartiers les plus recherchés ; ils ont, par suite, des loyers comparativement plus élevés que les patentables que je viens de vous citer et dont les habitations, magasins, bureaux, etc., peuvent sans inconvénient être situés dans les quartiers retirés.

— De plus, vous n'ignorez pas que, toute proportion gardée, les petites locations sont, vu la concurrence, plus chères que les grandes.

Quant à la réduction au 25ᵉ, 30ᵉ, 40ᵉ et 50ᵉ, elle s'applique aux établissements industriels (usines ou manufactures) aux chantiers et magasins de certains marchands en gros, aux maisons garnies, maisons de santé, de retraite, etc., etc. Les locaux dont il s'agit ont le plus souvent une grande importance locative et leur imposition sur le taux du 20ᵉ constituerait un impôt par trop onéreux.

Passons au mode d'assiette du droit proportionnel :

Ce droit se base sur la valeur locative, tant de la maison d'habitation, que des magasins, boutiques, usines, ateliers, hangars, remises, chantiers et autres locaux servant à l'exercice des professions imposables.

La valeur locative se détermine soit au moyen de baux authentiques, soit par comparaison avec d'autres locaux dont le loyer est notoirement connu, et, à défaut de ces bases, par voie d'appréciation.

Le droit proportionnel pour les usines, manufactures et tous établissements industriels, est calculé sur la valeur locative de ces établissements pris dans leur ensemble, et munis de tous leurs moyens matériels de production.

Ce droit est dû dans toutes les communes où sont situés les locaux de toute sorte servant à l'exercice des professions imposables : — usines, boutiques, ateliers, magasins de vente, magasin de dépôt, etc.

Un assistant. — Pourriez-vous nous expliquer, père Bertrand, pourquoi on a établi deux droits sur les patentes, — le droit fixe et le droit proportionnel : — il me semble qu'un seul aurait bien suffi ?

Le père Bertrand. — Le mode d'imposition adopté était nécesssaire pour atteindre plus exactement les facultés contributives.

En effet, le droit fixe, sans le droit proportionnel, frapperait d'une taxe égale tous les patentables exerçant la même profession dans les communes appartenant à la même catégorie de population, quelle que fût d'ailleurs l'importance de chaque commerce ou industrie.

D'autre part, le droit proportionnel, sans le droit fixe, produirait des effets non moins injustes, car telle profession très-lucrative n'exige souvent qu'un local peu spacieux, tandis que telle autre industrie qui n'est appelée à donner que de faibles bénéfices ne peut s'exercer que dans de vastes locaux.

La réunion des deux droits — fixe et proportionnel — a paru indispensable, car l'un est le correctif de l'autre.

Un assistant. — Toutes les patentes comportent-elles fatalement les deux droits dont il s'agit ?

Le père Bertrand. — Non, car je vous ai déjà dit que des patentables du tableau D (professions libérales) n'étaient imposés qu'au droit proportionnel. En outre tous ceux dont les professions sont comprises dans les 7e et 8e classes du tableau A (boutiquiers et artisans) ne sont astreints qu'au droit fixe seulement, dans les communes dont la population est inférieure à vingt mille âmes et dans les banlieues de ces mêmes communes.

Il peut se faire aussi qu'un patentable exerce plusieurs professions dont les unes sont passibles du droit proportionnel et dont les autres ne le sont pas. — Dans ce cas, la valeur locative des locaux où ces dernières professions sont exercées, ne doit pas être frappée du droit proportionnel, si les locaux dont il s'agit sont parfaitement distincts.

Le même assistant. — Encore une question, si vous voulez bien me le permettre, père Bertrand ?

Vous avez dit que le droit proportionnel des usines se calculait sur leur valeur locative, en les considérant comme munies de tous leurs moyens de production : — il y a sans doute à cet égard des exceptions?

Le père Bertrand. — Aucune que je sache...... à moins qu'on ne veuille considérer comme usines les moulins à bras.

Le même assistant. — En admettant cependant que la cage d'une usine — d'un moulin à eau par exemple — appartienne à un propriétaire, et que l'outillage (la prisée comme on dit chez nous) ait été fourni par le locataire, les agents de l'administration devraient donc écarter le bail qui, dans la circonstance, ne se rapporte qu'aux bâtiments et à la chute d'eau?

Le père Bertrand — Ils n'auraient pas à écarter ce bail, mais à le compléter pour l'assiette du droit proportionnel, en ajoutant au prix de location de l'immeuble proprement dit, la valeur locative devant résulter — à tant pour cent — du prix de revient de l'outillage, ou de la prisée comme vous venez de dire.

C'est ainsi qu'on procède dans les cas analogues à celui qui vient d'être cité, et de la sorte on atteint régulièrement chaque établissement industriel muni de tous ses moyens matériels de production.

Maintenant, mes amis, que je vous ai expliqué les bases générales de la contribution des patentes et que j'ai répondu aux diverses questions que vous avez cru utile de m'adresser, je vais résumer à grands traits les éléments d'imposition et les dispositions légales qui se rapportent à la contribution des patentes.

En principe, la patente est due dans le lieu où la profession est exercée, mais si cette profession est exercée simultanément, ou alternativement, dans plusieurs communes, elle doit être établie dans celle des communes qui, par sa population, donne lieu au droit fixe le plus élevé.

Le patentable qui cumule dans un même établissement (sans locaux bien distincts) plusieurs commerces ou industries, ne peut être assujetti qu'à un seul droit fixe.

Celui qui a plusieurs établissements, boutiques ou magasins *distincts*, est imposable au droit fixe entier pour l'établissement, boutique ou magasin donnant lieu au droit fixe le plus élevé, soit en raison de la population, soit en raison de la nature du commerce, de l'industrie ou de la profession.

Il est imposable pour chacun des autres établissements, boutiques ou magasins, à la moitié du droit fixe afférent au commerce, à l'industrie, ou à la profession qui y sont exercés. — Ce demi-droit fixe est appliqué dans les communes où sont situés les établissements qui y donnent lieu.

Un assistant. — Je vous demande pardon de vous interrompre, père Bertrand, pour vous prier de nous dire ce que vous entendez bien exactement par établissements distincts ?

Le père Bertrand. — On entend par *établisse-ments distincts*, au point de vue de la patente, les boutiques ou magasins de vente qui n'ont pas entr'eux de communication intérieure, — ceux auxquels on affecte un préposé spécial, — et généralement les locaux dans lesquels s'exercent des commerces ou industries n'ayant aucune corrélation.

Le même assistant. — Les ateliers servant à la fabrication de marchandises qui doivent être vendues ailleurs, et les chantiers ou magasins de dépôt sont-ils aussi passibles d'un demi-droit fixe ?

Le père Bertrand. — Non, mais ils supportent un droit proportionnel comme annexes de l'établissement principal.

Je reviens aux explications générales que je vous donnais lorsque j'ai été interrompu.

Les patentes sont personnelles et ne peuvent servir qu'à celui qui est nominativement imposé. En conséquence, lorsque plusieurs individus sont associés en nom collectif pour l'exploitation d'un commerce ou d'une industrie, tous doivent être assujettis à la patente. Toutefois, l'associé principal seul, — c'est-à-dire le premier en nom dans l'acte de société, s'il a la gestion des affaires, et, dans le cas contraire, celui qui a la plus forte mise de fonds, — est astreint au droit fixe entier ; ce droit est divisé en autant de parts qu'il y a d'associés en nom collectif, et une de ces parts est imposé à chaque associé secondaire : d'où il suit que chacun de ces associés est inscrit sur les rôles :

Pour la moitié du droit fixe entier, lorsque la société est composée de deux personnes ;

Pour le tiers, lorsque la société est de trois personnes, — et ainsi de suite.

Les compagnies anonymes sont imposables à un seul droit fixe, sous la désignation de l'entreprise ou de la concession qui en a provoqué l'organisation.

La contribution des patentes est due pour l'année entière par tout individu exerçant au 1er janvier une profession imposable, sauf les cas de fermeture des magasins, boutiques et ateliers, par suite de décès ou de faillite déclarée ; on est alors en droit de réclamer la décharge des termes à échoir.

Ceux qui, en dehors des deux cas que je viens de spécifier, viendraient à cesser leur commerce dans le cours d'une année, n'auraient droit à aucune réduction, alors même qu'ils pourraient établir que cette cessation a été provoquée par des circonstances indépendantes de leur volonté. — Cette disposition légale s'appliquerait, par exemple, à un cabaretier dont un arrêté préfectoral ferait fermer l'établissement par suite de l'inobservation des règlements de police ; — elle s'appliquerait pareillement à un marchand dont la maison serait acquise par expropriation.

En cas de cession d'établissement, le cédant peut demander le transfert de sa patente à son successeur.

Ceux qui entreprennent, dans le courant de l'année, une profession sujette à patente sont imposasables à partir du 1ᵉʳ du mois dans lequel ils ont commencé à exercer, à moins que par sa nature la profession ne puisse pas être exercée toute l'année. Dans ce cas, la contribution serait due pour l'année entière, quelle que fût l'époque à laquelle la profession aurait été entreprise.

Les patentés qui, dans le cours de l'année, entreprennent une profession d'une classe supérieure à celle qu'ils exerçaient d'abord, ou qui transportent leur établissement dans une commune d'une plus forte population, sont passibles d'un supplément de taxe qui peut porter à la fois sur le droit fixe et sur le droit proportionnel.

L'inscription des patentables nouveaux qui s'installent aux diverses époques de l'année, et les modifications pouvant provoquer des suppléments de droits, sont consignés par les contrôleurs sur des rôles trimestriels dits *Rôles supplémentaires.*

Aucun individu ne pouvant exercer une profession imposable qu'à l'abri d'une patente qui doit être exhibée sur la demande des autorités municipales, des juges-de-paix et de tous officiers ou agents de la police judiciaire, la loi a prévu un cas qui se présente fréquemment en ce qui concerne spécialement les marchands forains. Elle les autorise à se faire délivrer par les contrôleurs, dans les villes qu'ils parcourent, des *patentes par anticipation.*

Un assistant. — Mais il n'y a pas de contrôleurs dans toutes les localités où les marchands ambulants sont susceptibles de se voir réclamer leur patente ?

Le père Bertrand. — C'est vrai, aussi la même loi a-t-elle spécifié que les marchandises mises en vente par des individus non munis de patente, et vendant hors de leur domicile, seraient saisies ou séquestrées aux frais du vendeur, à moins qu'il ne donne caution suffisante jusqu'à la représentation d'une patente régulière, ou qu'il ne produise la preuve que cette patente a été délivrée.

Je crois, mes amis, avoir traité avec vous toutes les questions saillantes qui se rapportent à la contribution des patentes ; je terminerai en vous énumérant les professions qui profitent d'une exemption légale.

Dans l'état actuel de la législation, sont exempts de la patente :

1° Les fonctionnaires et employés salariés, soit par l'Etat, soit par les administrations départementales ou communales, en ce qui concerne seulement l'exercice de leurs fonctions ;

2° Les sages-femmes, à moins qu'elles ne prennent des pensionnaires, auquel cas elles seraient imposables comme tenant une maison d'accouchement ;

3° Les peintres, sculpteurs, graveurs et dessinateurs considérés comme artistes, et ne vendant que le produit de leur art ;

4° Les professeurs de belles-lettres, sciences et arts d'agrément ;

5° Les instituteurs primaires, à moins qu'ils ne soient en même temps maîtres de pension ;

6° Les éditeurs de feuilles périodiques ;

7° Les artistes dramatiques ;

8° Les laboureurs et cultivateurs, seulement pour la vente et la manipulation des récoltes et fruits provenant des terrains qu'ils exploitent, et pour le bétail qu'ils y élèvent, qu'ils y entretiennent ou qu'ils y engraissent ;

9° Les concessionnaires de mines, pour le seul fait de l'exploitation et de la vente des matières par eux extraites ;

10° Les propriétaires ou fermiers de marais salants ;

11° Les propriétaires ou locataires louant accidentellement une partie de leur habitation personnelle ;

12° Les pêcheurs, même lorsque la barque qu'ils montent leur appartient (mais non les adjudicataires de pêche sur les fleuves, canaux ou rivières) ;

13° Les associés en commandite, les caisses d'épargne et de prévoyance administrées gratuitement, les assurances mutuelles régulièrement autorisées ;

14° Les capitaines de navire de commerce, ne naviguant pas pour leur compte ;

15° Les cantiniers, mais seulement ceux attachés

à l'armée, et non ceux à résidence fixe dans les casernes, prisons, hospices et autres établissements publics ;

16° Les écrivains publics, à moins qu'ils ne se chargent de faire exécuter, chez eux ou au dehors, les copies de toutes sortes d'écrits, de plans, de dessins, etc. ; dans ce cas ils sont imposables comme entrepreneurs d'écritures ;

17° Les commis et toutes les personnes travaillant à gages, à façon et à la journée, dans les maisons, ateliers et boutiques des personnes de leur profession ;

18° Les artisans travaillant à la journée ou à façon, pour le compte d'autrui ou pour leur propre compte, avec ou sans enseigne, même en boutique, — à la condition qu'ils ne vendent pas d'autres objets que ceux fabriqués par eux et qu'ils n'occupent comme ouvriers que leurs femmes ou leurs enfants non-mariés ;

19° Les personnes qui vendent en ambulance dans les rues, dans les lieux de passage et dans les marchés, soit des fleurs, de l'amadou, des balais, des statues et figures en plâtre, soit des fruits, des légumes, des poissons, du beurre, des œufs, du fromage et autres menus comestibles ;

20° Les savetiers, les chiffonniers au crochet, les porteurs d'eau à la bretelle ou avec voiture à bras, les remouleurs ambulants, les garde-malades ;

21° Les fabricants à métiers à façon ayant moins de dix métiers ;

22° Les éducateurs de vers à soie qui ne filent que les cocons provenant de leurs récoltes ;

23° Les propriétaires ou cultivateurs qui convertissent leurs vins ou cidres en eaux-de-vie, là où l'on est dans l'usage de faire cette conversion pour les livrer au commerce, si d'ailleurs ils ne transforment que les vins ou cidres provenant des terrains qui leur appartiennent ou par eux exploités ;

34° Les propriétaires qui exploitent et vendent leurs bois, même convertis en charbons ou débités en planches : l'emploi d'une scierie mécanique pour opérer cette dernière conversion, ne ferait pas perdre le droit à l'exemption, si le sciage mécanique était le mode habituel de l'exploitation des bois dans la contrée.

Je clos cette longue veillée en invitant ceux d'entre vous qui voudront se rendre un compte exact et circonstancié de l'importance relative des droits fixes eu égard aux diverses professions, à se reporter au tarif des patentes [1].

Ils pourront y suivre également les variations du taux du droit proportionnel qui s'applique aux maisons d'habitation, comme aux divers locaux servant à des usages commerciaux ou industriels.

------

[1] Voir ce tarif à la fin du volume. (*Note de l'éditeur.*)

DIXIÈME VEILLÉE.

Le père Bertrand. — Je vais vous entretenir ce soir d'une contribution qui est positivement plus difficile à expliquer que les autres, parce qu'elle est de création toute récente, et qu'elle a donné lieu à des interprétations assez diverses jusqu'à ce moment ; — il s'agit de la contribution des *voitures et chevaux.*

Pour cette fois seulement, mes amis, je vais prendre la loi à la main, et je commenterai avec vous chacun des articles qui présentera de l'obscurité.

— Loi des Finances du 2 juillet 1862 :

Articles 1er, 2 et 3. — (Ces articles sont étrangers à la contribution des voitures et chevaux).

Article 4. — « A partir du 1er janvier 1863, il « sera perçu une contribution annuelle par chaque « voiture attelée et pour chaque cheval affecté au « service personnel du propriétaire ou au service « de sa famille. »

Je n'appellerai ici votre attention que sur la qualification de *voiture attelée.*

Les voitures ne devront être, en effet, assujetties à la taxe qu'autant qu'elles seront *attelées,* c'est-à-dire qu'il existera chez leurs possesseurs des chevaux en nombre suffisant pour les utiliser séparément.

Il résulte de cette interprétation qu'un contribuable qui détiendrait en même temps plusieurs voitures, mais un seul cheval, ne serait passible de l'impôt que pour une seule voiture et un cheval, alors même que les voitures seraient attelées à tour de rôle. — On n'imposerait également chez le possesseur de deux chevaux qu'une seule voiture, bien qu'il en eût plusieurs, si chacune de ces voitures ne pouvait être attelée qu'au moyen de deux chevaux, c'est-à-dire qu'elle n'aurait qu'un timon et pas de brancards.

Pour que plusieurs voitures soient atteintes par l'impôt chez le même propriétaire, il faut donc que ces voitures puissent être attelées *séparément et simultanément.*

Pour mieux me faire comprendre, je choisirai deux cas qui se présentent généralement.

Il peut se faire :

1° Qu'une même personne possède un nombre indéterminé de voitures, et un nombre de chevaux inférieur à celui de ses voitures ;

2° Qu'une autre possède un nombre indéterminé de chevaux et un nombre de voitures inférieur à celui de ses chevaux.

Dans le premier cas, il ne doit être appliqué de taxe qu'aux voitures qui peuvent être utilisées simultanément. — Pour rester dans l'esprit de la loi le mieux, selon moi, serait (si ce moyen était praticable) de faire sortir des remises toutes les voitures et des écuries tous les chevaux existant dans la même maison, et de les atteler, séance tenante, en attribuant à chaque voiture le cheval ou les chevaux habituellement utilisés pour elle. Toute voiture qui resterait non attelée devrait être considérée comme voiture de rechange et, par suite, serait déclarée non imposable.

Bien que l'opération dont il s'agit ne puisse avoir lieu effectivement, rien n'empêche les agents de l'administration et les répartiteurs de la supposer faite, et d'établir les taxes sur cette donnée.

Pour le second cas que je vous ai cité, il y a lieu d'imposer le propriétaire de voitures et chevaux, pour tous ses chevaux d'abord, — et ensuite à raison d'une voiture par chaque cheval habituellement attelé seul, et par chaque paire de chevaux formant un attelage indivisible.

Un assistant. — Mais puisque dans la circonstance, on se trouve en présence d'un nombre de chevaux plus que suffisant pour atteler toutes les voitures possédées par un même propriétaire, il me semble que toutes ces voitures devraient être taxées sans restriction ?

Le père Bertrand. — Je vois que vous n'avez pas bien saisi la portée de l'expression *voiture attelée*, ou que vous ne vous rendez pas exactement compte de la situation, en égard au dernier propriétaire que j'ai choisi pour exemple. — Celui-là peut posséder, en effet, vingt chevaux et quatre voitures, dont deux voitures de rechange ; il peut, dans ces conditions, n'avoir que quatre ou même trois chevaux de voitures et seize ou dix-sept chevaux de selle, de chasse, etc., de telle sorte que deux voitures seulement doivent être considérées comme *attelées* et conséquemment comme imposables.

Un assistant. — Et tous les chevaux ?

Le père Bertrand. — Tous les chevaux, je vous l'ai dit, sont passibles de la taxe, dans le cas qui nous occupe.

Le même assistant. — La taxe des voitures et chevaux est donc divisible ?

Le père Bertrand. — Tout aussi bien que la taxe personnelle et mobilière dont je vous ai entretenu pendant l'avant-dernière veillée.

Un assistant. — Les explications que vous venez

de nous donner, se rapportent, à peu près exclusivement, aux maisons montées sur un grand pied de luxe; mais il nous importe, à nous, modestes propriétaires, de savoir si, possédant un cheval et plusieurs voitures, nous serions imposables pour tous ces éléments, dans le cas où nous n'aurions d'ailleurs à invoquer aucun motif d'exemption ?

Le père Bertrand. — Je vous répondrai d'une façon absolue que celui qui ne possède qu'un cheval ne peut être imposé que pour une voiture.

Article 5. — « La contribution des voitures et chevaux sera établie d'après le tarif suivant :

VILLES, COMMUNES OU LOCALITÉS dans lesquelles le tarif est applicable.	SOMME A PAYER non compris le fonds de non-valeurs, par chaque		
	VOITURE		Cheval de selle ou d'attelage.
	à 4 roues.	à 2 roues	
Paris	60 f.	40 f.	25 f.
Les communes, autres que Paris, ayant plus de 40,000 âmes de population.	50	25	20
Les communes de 20,001 âmes à 40,000 âmes	40	20	15
Les communes de 3,001 âmes à 20,000 âmes.	25	10	10
Les communes de 3,000 âmes et au-dessous.	10	5	5

Article 6. — « Les voitures et les chevaux qui
« seront employés en partie pour le service du pro-
» priétaire ou de la famille, et en partie pour le
« service de l'agriculture ou d'une profession quel-
« conque donnant lieu à l'imposition d'une patente,
« ne seront point passibles de la taxe. »

Pas de difficultés sur ce point. — Il s'agit d'un
agriculteur ou d'un patentable qui, possédant un
cheval et une voiture, se sert de cet *unique attelage*
pour courir les foires et marchés, ou pour suivre
ses affaires extérieures.

Un assistant. — Vous dites : « un agriculteur ou
« un commerçant possédant un *unique attelage....* »
mais si cet agriculteur ou ce commerçant possédait
deux ou plusieurs attelages et qu'il les employât
alternativement à des voyages réputés utiles à son
exploitation ou à ses affaires, et aussi pour son
agrément, que feriez-vous de ces attelages supplémentaires ?

Le père Bertrand. — Je les déclarerais imposables, parce que ceux-là ne sauraient être considérés
comme indispensables à leur propriétaire, et que la
loi, si j'en ai bien compris l'esprit, n'a entendu
exempter — dans l'espèce — que les voitures et
chevaux *réellement nécessaires* pour des voyages se
rapportant à des besoins agricoles ou commerciaux.

Un assistant. — Si cependant une exploitation
agricole, ayant une importance considérable, obli-
geait à tenir plusieurs marchés à la fois et néces-

sitait des voyages simultanés de la part du chef de cette exploitation, de son fils qu'il y aurait intéressé ou d'un régisseur ; — si, d'un autre côté, un commerçant ne pouvait suivre seul ses affaires extérieures et qu'il eût des voitures à l'usage de commis-voyageurs, imposeriez-vous aussi les voitures dont il s'agit ?

Le père Bertrand. — Non, puisque vous déterminez, au point de vue agricole comme au point de vue commercial, l'affectation spéciale et l'indispensabilité de chacune de ces voitures.

Vous avez d'ailleurs, en provoquant cette explication, déplacé la question plus simple dont je vous entretenais. — Je disais, et je maintiens, que le propriétaire ou le fermier faisant valoir et le commerçant qui, dans les conditions ordinaires, (je ne parle ici ni des exploitations rurales hors ligne ni des grosses maisons de négoce), détient deux ou plusieurs voitures pour le transport des personnes, doit être exempté de l'impôt pour l'une de ces voitures, et imposé pour les autres.

Je dois ajouter toutefois que ce sont les voitures *seules* qui généralement sont imposables dans des cas analogues, à *l'exclusion des chevaux*, parce que chez le cultivateur, comme chez le commerçant, ces mêmes chevaux sont habituellement utilisés pour l'agriculture ou le transport des marchandises, et qu'ils rentrent conséquemment dans la catégorie de ceux que la loi considère comme affectés à des usages *mixtes* et qu'elle exempte par ce motif.

Un assistant. — Quelle est donc, je vous prie, la signification exacte du terme *mixte* que vous venez d'employer ?

Le père Bertrand. — Je ne puis mieux vous l'expliquer qu'en vous relisant le texte même de l'article 6 de la loi : « Voitures et chevaux employés « *en partie* pour le service du propriétaire ou de « sa famille, et *en partie* pour le service de l'agri- « culture ou d'une profession imposable à la pa- « tente. »

Le même assistant. — Je comprends parfaite- ment, et il est bien entendu, n'est-ce pas, que toute voiture attelée, ayant la destination *mixte* sur laquelle je viens d'insister auprès de vous, est exempte de tout droit ?

Le père Bertrand. — Cela ne doit faire de doute pour personne.

Le même assistant. — Je vous demanderai main- tenant, si vous voulez bien me le permettre, père Bertrand, ce que la loi, entend par *exploitation ru- rale*, eu égard à l'exemption de l'attelage de l'ex- ploitant : ou — en d'autres termes — quels sont les agriculteurs qui, possédant *une* voiture attelée pour leur service et celui de leur famille, peuvent s'abstenir de toute déclaration ?

Le père Bertrand. — La question posée d'une façon aussi explicite est assez difficile à résoudre, et je ne puis, à cet égard, que vous faire part de mes appréciations personnelles, *sans garantie du Gouvernement* (on rit).

Dans mon opinion on doit réputer exploitations agricoles donnant lieu à l'exemption de toute taxe pour une voiture et un cheval de maître, (j'entends une seule voiture et un seul cheval comme règle générale), toutes celles que je vais grouper en quatre catégories et qui appartiennent à la *grande* ou à la *moyenne culture :*

1° La ferme, proprement dite ;

2° La métairie confiée aux soins de colons partiaires ;

3° La propriété directement exploitée par celui qui la possède ;

4° Une propriété de bois, d'une vaste étendue, aménagée et exploitée par son propriétaire ;

Et, en général, toute propriété grande ou moyenne, qui oblige celui qui l'exploite à suivre les foires et marchés pour des besoins qu'elle provoque.

Quant à la *petite culture*, (et sous cette désignation générique je comprends les petites propriétés de produit et d'agrément, les cottages, les manœuvreries, etc.) elle ne nécessite pas la présence habituelle de celui qui la détient sur les foires et marchés des villes environnantes, aussi, ai-je toujours pensé qu'une voiture de maître appartenant à ce dernier devait être atteinte par l'impôt. — Mais si le cheval destiné à la voiture dont il s'agit servait habituellement à des usages ruraux, au hersage, au transport des engrais, etc., etc., il devrait être, lui, considéré comme élément *mixte*, et conséquemment exempté de la taxe.

Voilà du moins mon opinion corroborée de celle de divers agents de l'administration que j'ai consultés ; — et si j'insiste sur cette dernière interprétation, c'est parce que j'ai entendu des personnes également exercées sur la matière, exprimer un avis complétement opposé au mien, disant qu'une petite culture ne pouvait, *quand même*, provoquer d'exemption d'aucune sorte.

Je ne crois pas fausser l'esprit de la loi en persistant à déclarer que, dans le cas précité, le cheval n'est pas imposable.

Avant de passer à l'article suivant, j'ajouterai que le propriétaire qui ne s'est réservé aucun faire-valoir, mais qui a des colons partiaires, est affranchi de tout droit pour une voiture et un cheval de maître, parce qu'il dirige en personne, sur les foires et marchés, les opérations de ces colons.

Article 7. « Ne donnent pas lieu au paiement de taxe :

1° « Les chevaux et voitures possédés en conformité des réglements du service militaire ou administratif et par les ministres des différents cultes ;

2° « Les juments et étalons exclusivement consacrés à la reproduction ;

3° « Les chevaux et voitures exclusivement employés aux travaux de l'agriculture ou d'une

« profession quelconque donnant lieu à l'application
« de la patente. »

Le paragraphe premier n'a pas besoin de com-
mentaires.

Un tableau spécial annexé à la loi indique, en
regard de chaque grade militaire et de chaque fonction civile, les exemptions prononcées ; — tous les
autres éléments sont imposables.

Les ministres des différents cultes sont absolument exempts, quel que soit leur ordre hiérarchi-
que, et la loi doit être ici d'autant plus largement
interprétée que l'immunité accordée repose sur une
question de convenance.

Le deuxième paragraphe renferme le mot *exclusivement*, et ne permet par suite aucun équivoque. —
Les étalons et juments poulinières, employés pour
le service du maître ou de sa famille, doivent être
nécessairement compris dans les éléments imposables, à moins qu'ils ne soient d'ailleurs exempts
en vertu de ce qui a été dit précédemment à l'occasion des chevaux servant à des usages mixtes.

Quant aux chevaux et voitures désignés dans le
troisième paragraphe, il semble superflu de vous
dire qu'ils sont, en tout état de cause, affranchis
de tout droit.

Article 8. — Dispositions purement réglemen-
taires qui ne présentent pour vous aucun intérêt.

Article 9. — « La contribution établie par l'ar-

« ticle 4 précité est due pour l'année entière,
« en ce qui concerne les faits existants au 1er jan-
« vier.

« Dans le cas où, à raison d'une résidence nou-
« velle, le contribuable devient passible d'une taxe
« supérieure à celle à laquelle il a été assujetti au
« 1er janvier, il ne doit qu'un droit complémentaire
« égal au montant de la différence. »

Le premier paragraphe de cet article, consacre
l'annualité de l'impôt, en tant que les éléments de
cotisation d'un contribuable viendraient à diminuer
après le 1er janvier : — c'est-à-dire que si ce contribuable transportait, dans le courant de l'année,
son domicile et ses chevaux et voitures dans une
commune appartenant à une catégorie de population inférieure à celle à raison de laquelle il aurait
été imposé, il ne serait point en droit de demander
une réduction.

Il en serait de même si le nombre de ses voitures
et chevaux venait à décroître, par suite d'une circonstance volontaire ou accidentelle. — Par compensation, tout nouvel élément de cotisation ajouté
aux anciens, dans le cours de l'année, ne provoque-
rait une contribution plus élevée que pour l'année
suivante.

Le deuxième paragraphe établit dans un sens
opposé, que si un contribuable changeait de résidence après le 1er janvier, et que si la commune de
cette nouvelle résidence appartenait à une catégorie

de population plus élevée, ce contribuable serait passible d'un supplément de taxe pour les voitures et chevaux dont il se serait fait suivre, et ce (dispositions transitoires) à partir du 1er du mois dans lequel le changement se serait effectué. — Inutile de répéter, sans doute, qu'il s'agit d'un droit complémentaire et que le premier droit payé viendrait en déduction du second.

Article 10. — « Si le contribuable a plusieurs « résidences, il sera, pour les chevaux et les voitu- « res qui le suivent habituellement, imposé dans la « commune où il est soumis à la contribution per- « sonnelle, conformément à l'article 13 de la loi du « 21 avril 1832 ; mais la contribution sera établie « suivant la taxe de la commune dont la population « est la plus élevée. Pour les chevaux et les voi- « tures qui restent habituellement attachés à l'une « de ses résidences, le contribuable sera imposé « dans la commune de cette résidence et suivant « la taxe afférente à la population de cette com- « mune. »

Il s'agit d'abord de bien déterminer, au point de vue de l'impôt qui nous occupe, si le contribuable a plusieurs résidences, car, à raison de la différence des taxes suivant la population — et aussi parce que nous sommes en présence d'un impôt de quotité — il n'est pas indifférent à l'administration d'accepter une déclaration devant laisser supposer que ce contribuable n'a qu'un seul domicile dans une commune rurale peu peuplée, tandis qu'il pourrait être imposé d'après le tarif d'une cité populeuse où il aurait également une résidence habituelle.

Quels sont donc les moyens employés par les agents de l'administration pour arriver à sauvegarder les intérêts du trésor dans cette circonstance? — Je puis vous le dire, car je les ai vus à l'œuvre.

Ils s'informent premièrement du lieu où le contribuable est imposé à la taxe personnelle, et c'est en général le lieu où il a sa principale habitation et ses principales propriétés.

Aucun doute n'existant plus sur ce premier point, ils recherchent si le contribuable ne se fait pas suivre habituellement, dans d'autres localités, des chevaux et voitures qui sont à son usage, et, en même temps, si ces autres localités appartiennent à une catégorie plus élevée de population. Dans ce dernier cas la déclaration est acceptée là où elle est faite, mais on applique aux voitures et chevaux du déclarant la taxe qui se rapporte à la commune la plus populeuse parmi celles où il fait des séjours habituels.

Supposez, par exemple, qu'un contribuable séjourne dans une ou plusieurs résidences de province pendant la saison d'été, et à Paris pendant les mois d'hiver. Si ses voitures et chevaux l'accompagnent partout, lui ou sa famille, il devra être imposé à Paris même, ou, d'après la taxe de Paris, dans celle des communes de province où il paie la taxe personnelle.

Par analogie, un contribuable qui, sans quitter la province, habiterait alternativement et dans les mêmes conditions la ville et la campagne, devrait être cotisé, d'après la taxe de la ville, dans la commune rurale où il paierait la taxe personnelle.

Passons au deuxième paragraphe qui concerne les voitures et chevaux habituellement attachés à diverses résidences.

Pour ce second cas la question est des plus simples. — Le possesseur des voitures et chevaux doit être cotisé dans toutes les communes où il détient *en permanence* des éléments imposables, et la taxe doit être basée sur le chiffre de population de chacune de ces communes.

Article 11. — « Les contribuables sont tenus de « faire la déclaration des voitures et des chevaux à « raison desquels ils sont imposables, et d'indiquer « les différentes communes où ils ont des habita- « tions, en désignant celles où ils ont des éléments « de cotisation en permanence.

« Les déclarations sont valables pour toute la « durée des faits qui y ont donné lieu ; elles doivent « être modifiées dans le cas de changement de « résidence hors de la commune ou du ressort de « la perception, et dans le cas de modifications « survenues dans les bases de cotisation.

« Les délarations seront faites ou modifiées, s'il y « a lieu, le 15 janvier au plus tard de chaque année, « à la mairie de l'une des communes où les contri- « buables ont leur résidence.

« Si les déclarations ne sont pas faites dans le
« délai ci-dessus, ou si elles sont inexactes ou
« incomplètes, il y sera suppléé d'office par le con-
« trôleur des contributions directes, qui est chargé
« de rédiger de concert avec le maire et les répar-
« titeurs, l'état-matrice destiné à servir de base à la
« confection du rôle.

« En cas de contestation entre le contrôleur et le
« maire et les répartiteurs, il sera, sur le rapport
« du directeur des contributions directes, statué
« par le préfet, sauf référé au ministre des finances,
« si la décision était contraire à la proposition du
« directeur, et, dans tous les cas, sans préjudice
« pour le contribuable du droit de réclamer après
« la mise en recouvrement du rôle. »

Une partie des explications que je vous ai données
peut s'appliquer au présent article, et le texte de
loi que je viens de citer est d'ailleurs trop net et
trop clair pour qu'il me paraisse utile de le com-
menter.

Article 12. — « Les taxes seront doublées pour
« les voitures et les chevaux qui n'auront pas été
« déclarés, ou qui auront été déclarés d'une ma-
« nière inexacte. »

Article 13 *et dernier.* — Dispositions réglemen-
taires.

Un assistant. — Les voitures et les chevaux pris
en location chez un loueur, devraient-ils être imposés chez celui qui en ferait usage ?

Le père Bertrand. — Les instructions de l'administration les déclarent exempts de la taxe ; — mais ces mêmes instructions ne prononcent aucune exemption en faveur des chevaux et voitures que des parents, des amis ou des particuliers auraient mis, même à titre gratuit, à la disposition d'une personne ou d'une famille pour en jouir comme le propriétaire, ainsi qu'on jouit, par exemple, des meubles d'une maison louée en garni.

Il est également admis que l'impôt est dû pour une voiture qu'on attelle habituellement à l'aide de chevaux de poste et de louage.

Le même assistant. — A partir de quel âge les chevaux sont-ils imposables ?

Le père Bertrand. — La loi ne parlant point de l'âge des chevaux imposables, on doit assujettir à la taxe tous ceux, jeunes ou vieux, qui en dehors des cas d'exception, sont employés au service personnel du maître ou de sa famille ; cependant le propriétaire qui ne monterait ou n'attellerait de jeunes chevaux destinés à la vente que dans le but de développer leur forces et de les dresser, ne serait pas imposable à raison de ces faits.

Le même assistant. — Les mulets et les ânes, quelle que soit d'ailleurs leur destination, sont-ils passibles de la taxe ?

Le père Bertrand. — Le silence complet de la loi, à l'égard des mulets et des ânes, doit nous les faire considérer comme *absolument* exempts.

Je crois avoir épuisé avec vous toutes les questions qui se rapportent à la contribution des voitures et chevaux. Il ne me reste plus qu'à vous dire que tout contribuable est tenu de faire lui-même, à la mairie avant le 15 janvier, la déclaration de tous les éléments qu'il peut détenir et que nous avons admis comme imposables dans le cours de cet entretien. Toutefois celui qui aura fait une première déclaration ne sera pas tenu de la renouveler, à moins qu'il n'ait des faits nouveaux à accuser.

En ce qui concerne la résidence nouvelle donnant lieu à un supplément de taxe, la déclaration doit être faite dans les quinze jours qui suivent ce changement de résidence.

Ici se terminent nos entretiens sur les *contributions directes proprement dites.*

Je n'aurai plus à traiter avec vous, pendant les veillées suivantes, que la taxe des prestations et la taxe sur les chiens.

ONZIÈME VEILLÉE.

TAXE DES PRESTATIONS. — Taxe en argent et taxe en nature.
— Assiette de la taxe. — Ce qu'on doit entendre par
chef de famille ou d'établissement. — Lieu où la prestation est due. — Exemption fondée sur l'invalidité. —
Membres de la famille et serviteurs imposables. — Chevaux et bêtes de somme ou de trait, — voitures et charrettes passibles de la taxe. — Exemptions. — Contribuables
ayant plusieurs résidences. — Annualité de la taxe. —
Contributions des propriétés de l'Etat aux dépenses des
chemins vicinaux. — Détérioration de chemins résultant
d'exploitations de bois, de carrières, etc.

Le père Bertrand. — Ce soir, mes amis, nous
sommes bien dans notre élément, car nous allons
nous occuper de la taxe des prestations en nature
qui atteint plus directement les habitants des campagnes, et qui pourrait même être nommée *impôt
rural.*

Les chemins reconnus par des arrêtés préfecto-
raux ou des délibérations des conseils municipaux

pour être nécessaires à la communication des communes, sont à la charge de celles sur le territoire desquelles ils ont été établis.

Deux moyens sont en présence pour la construction et l'entretien de ces chemins :

1° Des centimes spéciaux en addition au principal des quatre contributions directes ;

2° Des prestations en nature, sous faculté de rachat en argent.

Les municipalités des villes importantes emploient habituellement le premier moyen, et font ainsi subir à leur impôt de prestation une transformation radicale qui fait dire, dans telle commune rurale, qu'il suffit d'habiter une grande localité pour se trouver exempt de la prestation.

Ne vous laissez pas tromper à cette apparence, mes amis. — L'Etat, tuteur né de tous les intérêts, en matière d'impôt surtout, n'aurait pas permis une semblable injustice.

Si les habitants des villes ne fournissent pas pour l'entretien de leurs chemins un contingent de travail, ils fournissent en argent un contingent au moins équivalent, sous la forme de centimes additionnels.

Chacun apporte sa quote-part dans cette lutte des intérêts privés et des intérêts généraux : eux, leur argent qu'ils gagnent, dit-on, plus facilement que vous, — vous, un travail dont vous êtes plus prodigues, parce que vos bras vigoureux vous permettent d'en disposer sans effort.

Et qui profite le plus des chemins dont il s'agit, — les gens de ville ou les gens de campagne? — Les gens de campagne certainement qui en usent journellement pour transporter leurs denrées dans les villes, où il ne laissent chaque fois qu'une faible partie de l'argent qu'ils y reçoivent.

Vous voyez une fois de plus, mes amis, que le législateur nous a constamment favorisés. — Laissez-moi vous dire même, puisque l'occasion s'en présente dans l'un de nos derniers entretiens, que toutes les dispositions légales dont j'ai dû rechercher l'esprit jusqu'à ce moment, pour préparer ces modestes leçons, ont pour but invariable de faire le plus d'avantages possibles à l'agriculture et aux agriculteurs.

Ces dispositions généreuses à notre endroit sont même loin d'avoir fait leur temps, car elles se manifestent plus que jamais, depuis quelques années, par l'ouverture de routes agricoles, la mise en culture des terrains vagues, les dessèchements de marais, la création de caisses de secours et de primes de toutes sortes.

Secondons par reconnaissance les intentions du Gouvernement; travaillons avec plus de courage et faisons tous nos efforts pour qu'il puisse proclamer bientôt que ses méthodes agricoles et sa richesse territoriale ne craignent pas plus de rivalité que sa puissance militaire.

Mais je m'aperçois que certaines considérations touchant la législation de mon pays, et une petite aspiration d'amour-propre national, m'ont singulièrement écarté de la taxe des prestations. — Je vous demande pardon de ma digression, et je reviens à mon sujet.

Tout habitant, chef de famille ou d'établissement à titre de propriétaire, de régisseur, de fermier ou de colon partiaire, porté au rôle des contributions directes, peut être appelé à fournir chaque année une prestation de trois jours au plus.

1° Pour sa personne et pour chaque individu mâle, valide, agé de dix-huit ans au moins et de soixante ans au plus, membre ou serviteur de la famille et résidant dans la commune ;

2° Pour chacune des charrettes ou voitures attelées, et, en outre, pour chacune des bêtes de somme, de trait, de selle, au service de la famille ou de l'établissement dans la commune.

Afin de ne laisser aucun doute dans vos esprits, je vais passer en revue tous les éléments de prestations dont je viens de vous faire l'énumération.

D'abord, que devons-nous entendre par *habitant, chef de famille ou d'établissement ?*

Ici, l'habitation n'implique-pas nécessairement le domicile légal ou de droit, mais plutôt le domicile de fait ou réel. Il y a donc lieu, lorsqu'un contribuable a plusieurs résidences, de rechercher, pour fixer son imposition, l'endroit où il a son principal établissement et qu'il habite le plus longtemps. — La loi a consacré ce mode d'imposition qui paraît d'autant plus équitable que c'est là où le prestataire

réside le plus longtemps, et où il a le plus d'intérêts agricoles ou commerciaux, qu'il détériore le
plus les chemins.

Un assistant. — Que doit-on entendre, je vous
prie, par l'expression *chef de famille* que vous avez
employée ?

Le père Bertrand. — Le chef de famille, eu
égard à la prestation, est le même contribuable que
j'ai désigné sous le nom de chef de culture ou
d'établissement, — qu'il soit d'ailleurs marié ou
célibataire. On pourrait l'appeler d'une façon plus
régulière peut-être « chef de maison, » car il arrive
fréquemment que l'individu que la loi entend désigner comme chef de famille est un fils dont le père
est en sous-ordre.

Le même assistant. — Vous avez dit aussi, père
Bertrand, en parlant de ce même chef de famille ou
de maison, que pour être imposé à la prestation, il
fallait qu'il fût inscrit au rôle des contributions
directes ; — est-ce ici une règle générale ?

Le père Bertrand. — Oui, en tant qu'il s'agit
d'une personne nominativement imposée à la prestation, — non, si la prestation se rapporte à des
membres de la famille ou à des serviteurs compris
dans les éléments imposables cumulés sous le nom
du chef de la maison.

Je me garderai bien, à ce propos, de perdre
l'occasion qui m'est offerte de faire remarquer à
quelques répartiteurs qui m'écoutent, que c'est en

vertu de ce principe légal que le contrôleur refuse toujours d'inscrire au rôle des prestations les nouveaux habitants, les nouveaux mariés, etc., qu'on ne croit pas susceptibles d'être cotisés à la taxe personnelle à cause de leur état de gêne.

On dit ordinairement au contrôleur, dans ce cas : « Nous désirons exempter tel ou tel de la taxe per- « sonnelle pour qu'il n'ait pas d'argent à débour- « ser, mais nous tenons à avoir sa prestation qui ne « lui demandera que du temps, » et tout bas on pense sans doute que la non-imposition d'un nombre quelconque de taxes personnelles ne peut préjudicier en rien aux intérêts de la commune, tandis que la perte de journées de prestation laisserait subsister quelques ornières de plus dans les chemins.

Si les individus qu'on caresse ainsi d'une main et qu'on voudrait moins bien traiter de l'autre sont réputés indigents, le mieux serait de prononcer en leur faveur une exemption non mitigée, avec d'autant plus de raison qu'au prix actuel des salaires on leur prendrait beaucoup plus en exigeant d'eux trois journées de travail qu'en les astreignant à payer une taxe personnelle.

Je l'ai déjà dit, et je le répète pour ne plus y revenir, toute contribution, pour être bien assise, doit être écartée de ceux qui luttent de trop près avec les nécessités de l'existence ; — du reste la loi veut qu'il en soit ainsi.

Un assistant. — Auriez-vous l'obligeance de nous

édifier, père Bertrand, sur la valeur exacte du terme *valide* dont vous vous êtes servi pour désigner les personnes passibles de la prestation ?

Le père Bertrand. — Pour moi, comme pour la grammaire sans doute, l'état de validité exprime l'absence d'infirmités. Donc on doit considérer comme valide toute personne ayant la libre disposition de tous ses membres ; cependant l'état d'invalidité n'est pas toujours évident, et il appartient aux répartiteurs de donner, dans ces circonstances, des renseignements consciencieux contre lesquels, l'administration ne songe jamais à s'inscrire en faux.

Il ne faut cependant pas que dans ces occasions la générosité des appréciations devienne abusive, et que le prétexte de bien faire pousse à l'excès contraire.

Afin de fixer votre opinion sur les faits se rapportant à l'invalidité, je puis d'ailleurs vous dire qu'il a été décidé :

1° Qu'un individu qui se livre habituellement aux travaux de la campagne était imposable pour sa personne, quoiqu'ayant subi l'amputation d'un pouce à la suite d'un coup de feu ;

2° Qu'un père n'avait pas droit à l'exemption de la prestation pour un fils qu'il disait infirme, l'instruction de sa demande en décharge ayant établi que ce fils l'aidait habituellement dans les travaux de son exploitation agricole.

On doit, ainsi que vous le voyez, admettre

comme règle générale qu'il ne suffit pas pour s'exempter de la prestation, d'accuser une infirmité ; il faut que cette infirmité, ou une invalidité majeure, ait un caractère permanent de nature à empêcher celui qui en est affecté de se livrer aux travaux des champs. — Inutile dès-lors d'ajouter que les cas généraux de réforme pour le service militaire ne sauraient donner lieu à l'exemption de la prestation.

Un assistant. — Quelles sont les personnes que vous avez entendu désigner comme *membres de la famille et serviteurs* imposables ?

Le père Bertrand. — Par membres de la famille imposables, on entend les fils, frères, neveux ou parents, ayant dix-huit ans accomplis ou moins de soixante ans, qui résident avec le chef de maison ou d'établissement ; — sous la qualification de serviteurs imposables, on comprend tous les individus qui reçoivent du même chef de maison ou d'établissement le salaire, le logement et la nourriture.

On ne doit donc pas imposer au compte d'un maître, un journalier auquel ce maître assure du travail pour toute l'année, mais qui a un logement spécial pour lui ou pour sa famille, et qui rentre dans ce logement après sa journée faite.

On n'imposerait pas non plus, au compte d'un fermier, le manœuvre ou batteur en grange, même lorsque — par contrat stipulé — il serait tenu de fournir tout son temps à la ferme, si ce manœuvre ou journalier détenait pour lui et les siens une habitation sur les dépendances de la ferme, cette habitation fût-elle concédée à titre gratuit.

D'un autre côté, un propriétaire ne doit pas de prestation pour son jardinier ou son vigneron, si ces gens vivent à leur ménage.

Un menuisier ou un maréchal ne doivent pas non plus être cotisés pour des ouvriers-compagnons qui ne s'engagent qu'au mois ; mais ces même chefs d'ateliers seraient imposables pour des compagnons qu'ils auraient à leur service, si ces compagnons (logés et nourris par eux) recevaient un salaire annuel et permanent.

Ce dernier cas se rencontre assez rarement, parce que les ouvriers-compagnons ont un caractère nomade, et il convient de ne les imposer au compte de leurs maîtres ou patrons qu'avec une grande circonspection.

Donc, en règle générale, les ouvriers laboureurs ou artisans qui travaillent à la journée ou à la tâche, ne doivent pas être compris dans la catégorie des serviteurs, et il n'y a pas lieu de les considérer comme attachés à la maison ou à l'établissement de celui chez lequel ils sont employés. Reste la question de savoir si ces ouvriers doivent la prestation comme chefs de famille ; mais ce serait, dans ce cas, pour leur propre compte.

Maintenant que nous avons énuméré les conditions générales qui doivent provoquer l'imposition des personnes au nom d'autrui, ou pour leur propre compte, nous allons passer aux chevaux, voitures, charrettes et bêtes de selle ou de trait.

Chaque contribuable doit être inscrit au rôle des prestations pour tous les chevaux et pour toutes les bêtes de selle, de somme ou de trait qu'il détient, sans distinction d'âge, — pourvu que les animaux dont il s'agit soit montés ou attelés, et que les voitures ou charrettes soient employées pour le service des personnes, du commerce ou de l'agriculture.

Un assistant. — Les voitures servant exclusivement au transport des personnes sont-elles imposables tout aussi bien que les charrettes et tombereaux ?

Le père Bertrand. — Oui.

Le même assistant. — Cependant elles ne peuvent être employées pour charrier les matériaux nécessaires à la confection ou à la réparation des chemins vicinaux ?

Le père Bertrand. — C'est vrai, mais le législateur, en classant ces voitures dans les éléments imposables, a accordé en même temps la faculté du rachat en argent de la prestation qui les concerne. Or il est évident que celui qui détient une voiture attelée, pour la gestion d'importants intérêts, ou pour son agrément, peut acquitter très-facilement l'impôt qui s'y rapporte.

D'un autre côté, serait-il juste d'exempter de la
prestation telle ou telle voiture, qui détériore les chemins tout aussi bien que les autres, sous le prétexte
qu'elle serait trop luxueuse ? — On sortirait ainsi,
et de la façon la plus irrégulière, du grand principe
d'égalité contributive qui est la base de tous nos
impôts.

Un assistant. — Tous les chevaux, et toutes les
bêtes de somme ou de trait, doivent-ils être cotisés
sans exception ?

Le père Bertrand. — Pour qu'ils soient inscrits
au rôle des prestations, il faut que ces animaux servent à leur possesseur pour son usage personnel,
pour celui de sa famille, ou pour l'exploitation de
son établissement soit agricole, soit industriel. Si,
au contraire, ils sont un objet de commerce, ou
s'ils sont destinés exclusivement à la consommation
ou à la reproduction, il n'y a pas lieu de les faire
figurer parmi les éléments imposables. Il en serait
de même, quoiqu'il n'y ait pas de limite d'âge spé-
cifiée par la loi, pour les jeunes chevaux, mulets
et ânes qui n'auraient pas encore porté le harnais,
et pour les jeunes bœufs qui n'auraient pas subi
le joug.

Le même assistant. — Les entrepreneurs de
voitures publiques et les relayeurs sont-ils imposables pour les chevaux et voitures qu'ils emploient ?

Le père Bertrand. — La loi n'a consacré

d'exemption à cet égard que pour les chevaux que les maîtres de poste sont obligés de détenir en vertu de leurs réglements administratifs. — La même immunité s'applique aux postillons titulaires, ou postillons *en rang.*

Mais les entrepreneurs de voitures publiques, de relais et de roulage, les loueurs de chevaux et de voitures, doivent la prestation pour tous les serviteurs, tous les chevaux et toutes les voitures, charriots, etc., dont ils font usage.

Un assistant. — Les voitures et charrettes sont-elles imposables indistinctement ?

Le père Bertrand. — On ne doit imposer que les voitures et charrettes *attelées,* c'est-à-dire celles qui sont réellement et effectivement employées au service de la famille ou d'un établissement quelconque. — Celles qui ne peuvent être considérées que comme un meuble mis en réserve pour des besoins accidentels, ou comme moyens de rechange, ne doivent pas être comptées.

Il est laissé du reste, à cet égard, une assez grande liberté d'appréciation aux répartiteurs, et s'ils en abusent quelquefois, ils ne le font qu'à l'avantage des contribuables... mon expérience me l'a bien prouvé.

Un assistant. — Vous nous avez dit sans vous arrêter sur ce point, père Bertrand, que certains animaux qui forment un objet de commerce, ou qui sont destinés à la consommation ou à la reproduction, étaient exempts de la taxe ; — vous nous obligeriez en nous donnant à ce propos des explications plus précises ?

Le père Bertrand. — Je ne m'y refuse pas, mes amis.

La loi considère comme animaux de commerce, les chevaux, bœufs, mulets, etc., que les marchands ou maquignons détiennent dans un but exclusif de vente ; — comme animaux destinés à la consommation, ceux que les éleveurs et cultivateurs engraissent pour les conduire sur les marchés, ou pour les livrer directement à la boucherie ; — elle entend enfin par animaux de reproduction, les étalons et juments poulinières.

Mais je répète que les animaux dont il s'agit doivent être absolument destinés au commerce, à la consommation ou à la reproduction pour donner lieu à l'exemption de la taxe, et que si une jument poulinière, par exemple, s'attellait ou se montait, elle deviendrait imposable. On devrait également imposer un étalon qui porterait la selle ou le harnais, et les bœufs à l'engrais qu'on sortirait de l'écurie ou du pâturage pour les employer aux charrois et aux labours.

Un assistant. — Quel serait, père Bertrand, le mode d'imposition pour un contribuable ayant plusieurs résidences ?

Le père Bertrand. — Lorsqu'un individu a plusieurs résidences il faut, nous l'avons dit, rechercher celle où il a son principal établissement, et c'est là qu'il doit être cotisé pour sa personne et pour tous les éléments d'imposition qu'il y détient en permanence. Il est imposable, dans chacune des autres communes, pour les serviteurs, chevaux, voitures, charrettes, etc., affectés à ses divers établissements agricoles ou autres.

Il peut se faire aussi que les hommes, voitures et bêtes passent alternativement d'un établissement dans un autre ; dans ce cas, le contribuable dont nous parlons doit être imposé pour tous ses moyens d'exploitation dans la commune où est situé son principal établissement.

Un assistant. — Puisque vous êtes prêt à répondre à toutes les questions, père Bertrand, voulez-vous me permettre de vous demander si la loi exempte les ecclésiastiques de la prestation ?

Le père Bertrand. — La loi n'a établi d'autres exceptions que celles résultant de l'âge, de l'invalidité ou de l'indigence ; mais si des motifs de convenance engageaient les répartiteurs à exempter de la prestation les ministres du culte, je tiens pour certain que l'administration ne songerait pas à s'y opposer. J'ai pour garant de cette appréciation le soin qu'a pris le législateur d'exonérer de tout droit ces mêmes ministres du culte, touchant la contribution des voitures et chevaux.

Le même assistant. — Encore une question, si vous le voulez bien.

Les soldats en congé temporaire, ou en congé illimité, sont-ils passibles de la prestation pour leur personne ?

Le père Bertrand. — Ils sont exempts dans l'un et l'autre cas, car ils comptent toujours à leur corps et restent, jusqu'au moment de leur congé définitif, à la disposition du ministre de la guerre.

Un assistant. — Vous nous avez dit, père Bertrand, que chacun avait le droit de se libérer de sa prestation en nature ou en argent. — Comment et à quelle époque devons-nous faire notre déclaration à ce sujet ?

Le père Bertrand. — Cette déclaration doit être faite à la mairie, dans le délai d'un mois, à partir du jour de la publication du rôle.

Un assistant. — Celui qui a déclaré vouloir se libérer en nature est-il libre de le faire au moment qui lui convient le mieux ?

Le père Bertrand. — Non, il doit attendre des ordres de l'autorité municipale.

Le même assistant. — Mais si ce contribuable vient à mourir avant d'avoir rempli ses obligations de prestataire, qu'advient-il ?

Le père Bertrand. — Les héritiers sont, dans ce cas, tenus d'acquitter en argent ou en nature le montant intégral de la prestation portée au rôle, car nous sommes en présence d'un impôt *annuel*

qui est dû, pour l'année entière, par tout individu
légalement taxé à la date du 1er janvier.

Ce principe de l'annualité de l'impôt des prestations implique naturellement que tout accroissement, ou toute diminution d'éléments d'imposition
venant à se manifester dans le cours de l'année, ne
peut donner lieu à une augmentation ou à une
réduction de taxe.

Un assistant. — Quelle est l'autorité qui détermine le nombre de journées de prestations par commune, et qui fixe le prix de ces journées pour ceux
qui préfèrent se libérer en argent?

Le père Bertrand. — Le conseil municipal de
chaque commune vote le nombre de journées qu'il
croit nécessaires pour la construction et la réparation de ses chemins, et soumet sa délibération à
l'approbation du préfet; c'est au conseil général
qu'il appartient de fixer le taux en argent de ces
mêmes journées.

Le même assistant. — Les municipalités ne sont-
elles pas autorisées à convertir les prestations en
tâches, au lieu d'exiger des contribuables les journées inscrites à leur nom pour leur personne, leurs
serviteurs, chevaux, voitures, etc. ?

Le père Bertrand. — Elles peuvent, en effet,
user de ce moyen qui présente même, à mon avis, des
avantages sérieux pour les communes, en ce sens
que le travail s'exécute avec plus d'unité et d'une
façon plus régulière, — surtout là où il existe des

fermes de grande tenue constituant à elles seules de véritables chantiers tout organisés.

Un assistant. — Au moment où vous nous entreteniez de la contribution foncière, vous nous avez dit, père Bertrand, si j'ai bonne mémoire, que les propriétés de l'Etat devaient être inscrites sur les rôles pour les dépenses des chemins vicinaux ?

Le père Bertrand. — C'est vrai. — Les propriétés de l'Etat, productives de revenus, contribuent aux dépenses des chemins vicinaux, dans les mêmes proportions que la propriété privée.

Un dernier mot, mes amis, sur certaines détériorations, habituelles ou temporaires, occasionnées par des exploitations de mines, de carrières, de bois ou de toute entreprise industrielle.

Dans ces circonstances, les propriétaires ou les entrepreneurs sont, sur la demande des communes, assujettis à des subventions spéciales, dont la quotité est proportionnée aux dégradations constatées.

Ces subventions peuvent, au choix des subventionnaires, être acquittées en argent ou en prestations en nature ; elles sont exclusivement affectées à ceux des chemins qui y donnent lieu. — Lorsqu'il s'agit d'exploitations permanentes, ces subventions peuvent aussi être déterminées par abonnement dont le taux est réglé par le Préfet en conseil de préfecture.

Je crois avoir épuisé toutes les questions qui se rapportent à la taxe des prestations ; — il ne me reste plus maintenant à vous entretenir que de la *taxe sur les chiens*, dont nous nous occuperons pendant la veillée de dimanche.

DOUZIÈME VEILLÉE.

Le père Bertrand. — La taxe des chiens, dont je vais vous parler ce soir, est une taxe *communale* comme celle des prestations, mais elle ne correspond pas comme cette dernière à un besoin impérieux des communes ; — d'un autre côté, elle ne crée pas de ressources suffisantes à ces mêmes communes pour qu'une idée purement fiscale ait pu la motiver.

Le gouvernement, en établissant cette contribution, a donc dû s'inspirer d'une pensée particulière que j'ai tenu à rechercher et qu'il ne m'a pas été difficile de découvrir.

Les accidents occasionnés par la rage s'étaient multipliés à tel point, que des statistiques antérieures à 1855, portaient à deux cents environ, le chiffre annuel des victimes de cette terrible maladie.

D'un autre côté, le nombre des chiens existant à la même époque sur le territoire français, s'élevait à près de trois millions, et leur nourriture, cotée à cinq ou six centimes par jour, représentait de cinquante à soixante millions de francs par année.

L'impôt sur les chiens n'a pas encore dix ans de date, au moment où je vous parle, et déjà on a constaté que les cas d'hydrophobie sont devenus très-rares, et que le chiffre des chiens est descendu à quinze-cent mille.

En résumé, il existe actuellement moitié moins de chiens qu'avant 1855, et ces animaux, mieux soignés et mieux surveillés, ne sont que très-accidentellement atteints par la rage ; d'autre part, leur alimentation coûte vingt-cinq ou trente millions de moins qu'autrefois.

La mesure prise par l'Etat n'avait donc pas, ainsi que je le disais en débutant, un caractère fiscal, mais bien un caractère humanitaire et répressif qui a produit les plus heureux effets.

La loi atteint tous les chiens, et les divise en deux catégories.

La taxe ne peut excéder dix francs, ni être inférieure à un franc. — Des décrets, rendus en conseil d'Etat, règlent, sur la proposition des conseils municipaux, et après avis des conseils généraux, les tarifs à appliquer dans chaque commune.

La première catégorie comprend les chiens d'agrément et ceux servant à la chasse ;

Dans la *deuxième catégorie* sont rangés les chiens de garde proprement dits et, en général, tous ceux qui ne peuvent pas être considérés comme chiens d'agrément.

Un assistant. — Quels sont, je vous prie, père Bertrand, les caractères distinctifs des chiens d'agrément et des chiens de garde ?

Le père Bertrand. — Le *chien d'agrément* est celui qu'on a pour son plaisir, ou tout à la fois pour son plaisir et comme surveillant ou défenseur ; il est l'ami du maître et le suit dans ses voyages et promenades ; il n'est point tenu à l'attache pendant le jour, et va librement de la cour à l'habitation. — Quelque service que ce chien puisse rendre par instinct, il n'en doit pas moins être rangé dans la première catégorie, parce qu'il n'est pas exclusivement destiné à la garde.

Il en serait ainsi du chien servant à la chasse, même accidentellement, parce que les bâtiments ou les choses qui nécessitent un gardien doivent être gardés toujours, et non de temps à autre.

Sous la dénomination de *chiens de garde,* on doit comprendre, en thèse générale, ceux qui sont nécessités par la nature de la profession de leurs maîtres, ou par la position isolée des habitations.

On rangerait, par exemple, dans cette catégorie :
1° Les chiens d'aveugles ;

2° Ceux de bergers et de bouchers ;

3° Ceux servant à garder les habitations, écuries ou bâtiments ruraux, — les magasins ou ateliers isolés ;

4° Les chiens travailleurs, c'est-à-dire employés pour des besoins industriels, comme ceux qui tournent une roue chez un forgeron, un cloutier, etc., et, en un mot, tous les chiens dont l'indispensabilité ou l'utilité majeure peut être parfaitement déterminée et justifiée.

Mais on doit classer dans la catégorie la plus élevée :

1° Les chiens qui vaguent en liberté dans les rues ;

2° Ceux qui suivent leur maître dans ses promenades ;

3° Ceux qui sont admis au foyer et circulent librement dans les appartements ;

4° Les chiens âgés ou infirmes, qu'on ne veut pas se décider à faire abattre et qui restent sans emploi ni utilité.

En principe, dans l'esprit de la loi, le chien *absolument utile* doit être classé dans la deuxième catégorie ; mais le chien *d'agrément et d'utilité tout à la fois,* appartient à la première. — Toute autre interprétation serait irrégulière ou complaisante.

Un assistant. — La nature ou la race des chiens doit-elle être prise en considération pour leur classement ?

Le père Bertrand. — Le boule-dogue comme le roquet peuvent être des chiens d'agrément ou de garde, suivant le goût ou la volonté de leurs possesseurs; c'est donc seulement leur destination et leur emploi qui doivent provoquer leur classement, sans distinction d'espèce.

Un assistant. — La loi, nous le savons, oblige les propriétaires à faire eux-mêmes la déclaration de leurs chiens à la mairie. — Quand et comment doivent être faites ces déclarations?

Le père Bertrand. — Du 1er octobre de chaque année au 15 janvier de l'année suivante, les possesseurs de chiens doivent faire à la mairie une déclaration indiquant le nombre de leurs chiens, et les usages auxquels ils sont destinés.

Ceux qui ont fait cette déclaration avant la fin de l'année sont en droit de la rectifier, s'il est survenu avant le 1er janvier quelque changement dans le nombre et la destination de leurs chiens.

Les déclarations dont il s'agit sont inscrites sur un registre spécial tenu à la mairie : Il en est donné un reçu aux déclarants. — Ces récépissés font mention des nom et prénoms du déclarant, de la date de la déclaration, du nombre et de l'usage des chiens déclarés.

Chaque déclaration, qui peut être faite directement, ou par un mandataire, et même par lettre, doit comprendre tous les chiens possédés au 1er janvier, à l'exception de ceux qui, à cette époque, sont encore nourris par la mère.

Le même assistant. — En quel lieu doivent être faites les déclarations ?

Le père Bertrand. — Lorsqu'un contribuable n'a qu'une seule résidence et qu'il y détient tous les chiens qu'il possède, c'est tout naturellement dans la commune de cette résidence qu'il doit les déclarer, sans exception ni réserve.

Si un autre contribuable a deux ou plusieurs résidences, si, par exemple, il habite alternativement la campagne et la ville, il doit faire sa déclaration de possession dans la commune où il se trouve habituellement à la date du 1er janvier ; mais il fera bien, dans ce cas, de se faire délivrer par le maire de cette dernière commune un certificat qu'il produira dans l'autre, pour éviter un double emploi et une pénalité dont nous parlerons dans un instant.

Le même assistant. — En admettant qu'un chasseur habite une ville toute l'année et qu'il laisse ses chiens constamment à la campagne, n'est-il pas également en droit de les déclarer dans le lieu où ils gîtent ?

Le père Bertrand. — Oui, à plus forte raison, car ces chiens ne quittant jamais la commune rurale, il est juste qu'ils fassent profiter cette commune de l'impôt qui les atteint.

Le même assistant. — Si, enfin, un individu possède un ou plusieurs chiens et qu'il n'ait aucun domicile, où devra-t-il faire sa déclaration ?

Le père Bertrand. — Où il lui plaira de la faire ; mais tenez pour certain qu'il s'en abstiendra complètement, car nulle disposition légale ne l'oblige à produire de justification à cet égard. — Ce dernier contribuable ne relève que de sa conscience, et j'ai toujours ouï dire que la conscience d'un contribuable était généralement large.

Plusieurs assistants. — C'est vrai !

Un assistant (*intervenant*). — Comment devons-nous faire nos déclarations lorsque nous ne sommes pas suffisamment édifiés sur la catégorie dans laquelle nos chiens doivent être rangés ?

Le père Bertrand. — Après les explications que je vous ai données, il ne doit rester pour vous aucun doute. — Vos déclarations ne peuvent comporter aucune réserve ; chaque possesseur est tenu d'indiquer lui-même les catégories auxquelles appartiennent ses chiens, et les taxes qui résultent de sa déclaratisn restent acquises sans qu'il puisse ensuite les contester.

Tout possesseur de chiens qui a, une première fois, fait une déclaration exacte n'est plus tenu de la renouveler tant qu'il ne s'est pas produit de faits nouveaux. — En conséquence, la taxe à laquelle il a été soumis continue à être due jusqu'à déclaration contraire.

Passons maintenant aux *pénalités* prononcées par la loi, contre ceux qui s'abstiennent de déclarations, et contre ceux qui les font inexactes ou incomplètes.

Tout possesseur de chiens qui s'abstient de les déclarer, avant le délai légal du 15 janvier, est passible d'une triple taxe ;

Celui qui déclare moins de chiens qu'il n'en possède ou qui, possédant un ou plusieurs chiens de chasse ou d'agrément, les déclare chiens de garde, en tout ou partie, pour les faire classer dans la deuxième catégorie, alors qu'ils appartiennent réellement à la première, est frappé d'une taxe double pour ceux de ces animaux auxquels se rapporte la déclaration incomplète ou inexacte.

Enfin, s'il y a infraction avec récidive, c'est-à-dire si un contribuable a été soumis à un accroissement de taxe, et si l'année suivante il s'est de nouveau abstenu de déclaration, ou si cette déclaration est de nouveau formulée d'une façon incomplète ou inexacte, — il voit dans le premier cas quadrupler, et dans le second cas tripler sa taxe.

Un assistant. — Lorsqu'une circonstance quelconque fait disparaître un chien de chez son possesseur pendant le cours de l'année, la taxe de ce chien est-elle due pour les mois qui restent à courir ?

Le père Bertrand. — Oui, et toujours en vertu de l'*annualité* de l'impôt que je vous ai expliquée à l'occasion des autres contributions. Par suite, en cas de décès du possesseur d'un chien, la taxe est due par les héritiers.

Un assistant. — La taxe sur les chiens ne comporte-t-elle pas des rôles supplémentaires, comme cela existe pour la contribution des patentes ?

Le père Bertrand. — La taxe sur les chiens comporte bien, ainsi que vous venez de le dire, des *rôles supplémentaires*, mais on ne procède pas de la même façon qu'en matière de patentes.

Ici, en effet, on ne relève pas des faits nouveaux ayant pris date après le 1er janvier, pour les ajouter aux éléments d'imposition primitivement recueillis ; — mais on inscrit, avec la pénalité qu'ils ont encourue, les contribuables qui se sont abstenus de toute déclaration quoique possédant des chiens, et ceux qui ont fait des déclarations incomplètes ou inexactes, lorsque ces manquements ne sont pas relevés en temps utile pour rentrer dans le rôle primitif.

Les rôles supplémentaires rédigés à l'occasion de la taxe des chiens sont donc, à proprement parler, des registres sur lesquels on consigne les amendes infligées par la loi à ceux qui ont résisté à ses prescriptions, ou qui ont manqué de sincérité.

Un assistant. — Tous les chiens sont-ils imposables sans exception ?

Le père Bertrand. — A une seule exception près, tous les chiens sont imposables dans la première ou dans la deuxième catégorie.

L'exception dont il s'agit se rapporte à ceux qui, à la date du 1er janvier, sont encore allaités par la mère.

Ici, mes amis, s'achève le programme que je m'étais tracé.

J'ai développé devant vous, avec le plus de soin possible, chacune des contributions directes et les taxes assimilées à ces contributions.

Mes leçons auront-elles produit quelque fruit? — J'ose l'espérer ; — je me trouverai ainsi récompensé du travail qu'elles m'ont occasionné.

Deux veillées cependant seront encore nécessaires pour compléter votre instruction ; je vous engage à ne pas négliger de vous rendre à ces dernières réunions.

Dans la première de ces veillées, je vous expliquerai vos avertissements de contributions, vos *bordereaux* comme vous les appelez plus habituellement ;

Dans la deuxième, je mettrai sous vos yeux une série de modèles se rapportant à la généralité des cas de réclamations qui peuvent se présenter en matière de contributions directes.

TREIZIÈME VEILLÉE.

Explication des avertissements de contributions ; — ou moyen de reconnaître si l'on n'est pas irrégulièrement imposé.

Le père Bertrand. — Pendant toutes les veillées précédentes, je me suis appliqué, mes amis, à vous faire connaître vos devoirs en même temps que vos droits ; — la soirée d'aujourd'hui sera consacrée à *l'étude exclusive des droits* qu'il vous appartient d'exercer, lorsque vos cotisations sont irrégulières ou exagérées.

Toutes les contributions directes et toutes les taxes assimilées, je vous l'ai plusieurs fois répété, sont *annuelles* ; c'est-à-dire qu'elles sont établies par année et que l'on vous remet, au commencement de chaque exercice, des avertissements indiquant la somme que vous êtes tenus d'acquitter, pour ledit exercice, entre les mains du percepteur ou du receveur municipal.

Un même contribuable est dans le cas de recevoir annuellement cinq avertissements, savoir :

1° — Un avertissement comprenant (sur la même feuille) la contribution foncière, la contribution personnelle et mobilière, plus celle des portes et fenêtres ;

2° — Un avertissement pour patentes ;

3° — Un avertissement relatif aux prestations ;

4° — Un avertissement concernant la taxe sur les chiens ;

5° — Un avertissement pour la contribution des voitures et chevaux.

Voilà du moins les cas généraux ; car je ne dois pas parler ici des avertissements ayant rapport aux taxes de bourses et chambres de commerce, aux taxes de pavage, etc., dont l'administration des contributions directes prépare les rôles, mais ne contrôle pas l'assiette.

Je crois à peine utile d'ajouter aussi qu'à Paris, et dans certaines villes importantes, les avertissements de contributions ne présentent pas les mêmes indications que dans nos communes rurales.

Examinons attentivement chacun des cinq avertissements que je vous ai désignés.

Le premier, je vous l'ai dit, comprend la contribution *foncière,* celle *personnelle et mobilière,* et la contribution des *portes et fenêtres.*

Tout contribuable en recevant cet avertissement, doit voir d'abord si le chiffre de son revenu foncier est plus élevé que l'année précédente. Dans ce cas, il cherche à se rendre compte de cette différence qui peut résulter d'une mutation motivée par une acquisition, une succession, etc., — ou de l'imposition, soit d'une construction nouvelle, soit d'une augmentation de construction.

Il examine ensuite si la base de sa contribution mobilière n'a pas été augmentée, en se rendant compte toutefois que si cette base est plus élevée que l'année précédente, l'augmentation peut résulter d'un changement de logement, ou de l'extension de l'ancienne habitation. Cette différence peut provenir également d'un rappel à l'égalité proportionnelle que les répartiteurs opèrent fréquemment, en vertu du droit de révision annuelle qui leur est dévolu.

Pour la contribution des portes et fenêtres, le contribuable compare le nombre de celles inscrites sur son nouvel avertissement avec celui qui figurait sur l'avertissement de l'année précédente.

S'il constate une différence en plus, cette différence peut être motivée par une construction nouvelle, une augmentation de construction, ou l'addition récente d'une ou plusieurs ouvertures. Elle peut aussi avoir pour cause un recensement opéré par le contrôleur, ou enfin une fausse division dans un partage de maison.

Afin de se rendre un compte exact de sa situation eu égard à l'impôt des portes et fenêtres, le contribuable peut se reporter aux explications données dans notre septième veillée, et faire lui-même le dénombrement de toutes les ouvertures imposables afférentes aux maisons qu'il possède.

Un assistant. — Malgré les explications que vous nous avez données pendant la septième veillée, père Bertrand, l'opération que vous nous engagez à faire peut présenter des difficultés, parce que toutes les ouvertures sont cumulées dans nos avertissements de contributions.

Le père Bertrand. — On ne cumule sur l'avertissement que les portes et fenêtres qui se rapportent aux maisons, boutiques, usines, etc., ayant plus de cinq ouvertures. Les autres propriétés bâties sont désignées comme il suit : une maison à une ouverture, — une maison à deux, — à trois, — à quatre, — ou à cinq ouvertures.

Il vous est donc assez facile de compter d'abord les portes et fenêtres de toutes vos maisons, boutiques, etc., ayant plus de cinq ouvertures, — puis ensuite celles de chacune de vos maisons qui en comportent cinq au plus. Ce recensement exécuté, vous comparez le résultat obtenu avec le nombre d'ouvertures inscrit sur votre avertissement.

Mais défiez-vous un peu de vous-mêmes dans cette opération assez délicate, car si vous connaissez mieux que les contrôleurs les maisons que vous possédez, il leur arrive souvent à eux de découvrir des ouvertures imposables là où vous n'en chercheriez pas. Cela est si vrai que je les ai vus maintes fois retrouver des portes et fenêtres omises, dans des maisons où ils avaient dû se transporter, sur la demande de propriétaires qui se plaignaient d'une surtaxe.

Quoiqu'il en soit, mes amis, vous êtes en droit de présenter des réclamations chaque fois qu'une augmentation de vos contributions foncière, mobilière, et des portes et fenêtres ne sera pas justifiée par un des motifs que j'ai déduits, ou par toute autre cause régulière que vous aurez pu apprécier.

Je passe à l'avertissement des *patentes.*

La contribution des patentes, ainsi que je vous l'ai expliqué précédemment, comporte généralement deux bases de cotisation, savoir : 1° un droit fixe; 2° un droit proportionnel.

Les contribuables, en recevant leur avertissement de patentes, doivent donc rechercher d'abord si leur droit fixe est bien en rapport avec la nature de leur profession. Ils recherchent ensuite si le nombre d'ouvriers, de paires de meules, de cylindres, de broches, etc., à raison desquels ils sont cotisés, n'est pas exagéré; — si les chiffres d'adjudications de travaux publics, de droits de places sur les marchés, etc., sont exacts; — si la capacité de leurs fours, cuves, chaudières, etc., a été régulièrement calculée; — si, enfin, des demi-droits fixes additionnels n'ont pas été abusivement appliqués à des magasins non distincts dans l'acception de la loi.

Les patentables étudieront, en un mot, à l'aide des instructions que j'ai données pendant la neuvième veillée, et du tarif des patentes, les bases de cotisation de leurs droits ou demi-droits fixes, de façon à reconnaître si l'on a pas commis d'erreur dans la fixation de ces mêmes droits, ou si l'on a pas appliqué de fausses désignations à leurs commerces ou industries.

En ce qui touche le droit proportionnel, il y aura lieu de rechercher si les valeurs locatives attribuées aux maisons, boutiques, ateliers, etc., ne sont pas surévaluées ; — si ces valeurs locatives sont assises suivant le taux réglementaire (voir le tarif des patentes) sur les divers locaux imposables, et spécialement sur les locaux industriels ; — si l'estimation des machines, et autres moyens de production, qui rentrent dans les éléments du droit proportionnel, n'a pas été exagérée.

Toute irrégularité dans l'établissement des droits fixe ou proportionnel d'une patente, devrait provoquer une réclamation de la part du patentable lésé.

L'examen de l'avertissement pour *prestations*, et de ceux relatifs à la *taxe sur les chiens*, et à la contribution des *voitures et chevaux*, ne présente aucune difficulté.

Là, il vous suffira de voir s'il n'existe pas d'exageration dans le nombre des animaux et objets imposés ou déclarés, et de rechercher, — sous l'impression des instructions que je vous ai données pendant les dixième, onzième et douzième veillées, — s'il n'a pas été commis, à votre préjudice, d'erreurs d'appréciation.

Avant de me retirer, je tiens à appuyer votre attention sur le mot *base de cotisation* que j'ai plusieurs fois employé, en faisant avec vous ce soir l'examen de vos divers avertissements.

C'est, qu'en effet, tant que les bases de vos cotisations n'ont pas subi de variation, vous n'êtes pas en droit de réclamer une réduction, alors même que l'une ou l'autre de vos contributions serait légèrement augmentée ; — parce que cette différence ne pourrait provenir, dès-lors, que d'une augmentation de centimes additionnels, et que le chiffre de ces centimes varie, en plus ou en moins, d'une année à l'autre.

QUATORZIÈME VEILLÉE.

———

Le père Bertrand. — Deux espèces de réclamations peuvent être formées, touchant les contributions directes, ou les taxes assimilées : réclamations en *décharge* ou *réduction,* — en *remise* ou *modération.*

Tout contribuable indûment imposé a droit à une décharge ; il a droit à une réduction quand il existe une surtaxe à son préjudice.

Il y a lieu d'accorder une remise au contribuable qui a perdu la totalité du revenu afférent à un objet imposé, — et une modération s'il n'a perdu qu'une partie de ce revenu.

Des remises et des modérations sont également accordées, à titre purement gracieux, à ceux qui éprouvent des pertes imprévues, ou que des circonstances malheureuses mettent dans l'impossibilité d'acquitter leurs contributions.

Les réclamations peuvent être *collectives* ou *individuelles;* — dans le premier cas elles sont produites par les maires des communes au nom de leurs administrés, et dans le second cas, par les parties intéressées ou leurs mandataires.

Si l'individu imposé vient à décéder, ses héritiers sont en droit de réclamer le dégrèvement de ses impositions, notamment des droits de patente qui restent à courir sur les mois de l'exercice commencé, s'il y a eu fermeture d'établissement. Cette dernière faculté appartient aux créanciers d'un failli.

Par exception, le locataire a qualité pour réclamer, au lieu et place de son propriétaire, au sujet de la contribution des portes et fenêtres assise sur la maison qu'il habite.

Mais, à moins d'un pouvoir spécial, les pères ne sont pas admis à réclamer pour leurs enfants majeurs, ni les enfants pour leurs pères ou ascendants; pas plus que les propriétaires pour leurs fermiers, ou réciproquement; — et que les maires pour leurs administrés, s'il s'agit de demandes individuelles.

Toutes les réclamations, moins celles qui ont rapport aux prestations, ou à des cotes inférieures à trente francs, doivent être rédigées sur des feuilles de timbre de cinquante centimes ; — elles doivent être accompagnées de l'avertissement de contribution et de la quittance des termes échus.

Un assistant. — Mais, père Bertrand, si la pétition est produite dans le mois de janvier, il n'y a pas encore de terme échu ?

Le père Bertrand. — C'est juste, et dans ce cas seulement, on peut s'abstenir de joindre une quittance.

Les réclamations doivent être signées par leurs auteurs, et si les réclamants, étant illettrés, sont dans l'obligation de recourir à un tiers, ils peuvent se borner à faire mettre au bas de ces demandes : *ne sait signer.*

Toutefois, ainsi que je vous l'ai déclaré, une tierce personne peut se substituer pleinement à la partie intéressée, mais à la condition qu'il sera joint à la demande un pouvoir régulier, ou tout au moins une lettre, la chargeant de cette mission.

Un délai général de trois mois, à dater du jour de la publication du rôle, est accordé aux réclamants lorsqu'il s'agit d'une décharge ou d'une réduction ; cependant, en cas de changement de résidence antérieur à la publication du rôle, le délai ne court que du jour où les contribuables ont eu officiellement connaissance de leur imposition. Le délai n'est que de quinze jours lorsqu'il s'agit d'une remise ou d'une modération.

Jé spécifierai d'ailleurs isolément chaque délai légal, en tête des modèles de réclamations que je mettrai sous vos yeux dans un instant.

En principe, et quelque soit le délai que la loi vous accorde, je vous conseille, mes amis, de présenter vos réclamations aussitôt que vous vous apercevrez d'une erreur à votre préjudice. En agissant de la sorte, vous risquerez moins d'abord d'encourir la déchéance; en outre, vous profiterez plus promptement des dégrèvements auxquels vos demandes pourront donner lieu.

Je saisis l'occasion qui se présente pour vous faire remarquer que la production d'une réclamation n'autorise pas le réclamant à s'abstenir d'acquitter les termes exigibles, et j'insiste sur ce point parce que j'ai connu des contribuables qui réclamaient dans ce seul but.

Ces gens-là sont de mauvais payeurs qui cherchent des atermoiements; mais les réglements administratifs en ont eu raison en consacrant qu'une réclamation ne pouvait avoir d'effet suspensif de paiement.

Un assistant. — A quelle autorité devons-nous adresser nos demandes?

Le père Bertrand. — Toute réclamation doit être adressée au préfet ou au sous-préfet, suivant que la matière imposée qui y a donné lieu, est située dans un arrondissement chef-lieu, ou dans un arrondissement de sous-préfecture.

Les demandes do toute nature, revêtues des formalités prescrites, sont enregistrées dans les bureaux de la préfecture et des sous-préfectures à la date de leur réception. Celles non rédigées sur papier timbré, lorsque le timbre est dû, ou qui ne seraient pas accompagnées des pièces exigées, sont retournées aux réclamants, avant l'enregistrement, pour être régularisées.

Toutes les demandes reçues à la préfecture sont transmises au directeur des contributions directes ; celles reçues dans les sous-préfectures sont envoyées au préfet qui les adresse également au directeur.

Leur instruction est confiée aux agents des contributions directes qui prennent l'avis des répartiteurs, pour toutes les réclamations en décharge ou réduction relatives aux contributions foncière, personnelle et mobilière, des portes et fenêtres, voitures et chevaux, prestations et taxe sur les chiens. Ils prennent l'avis du maire seul, pour les demandes en décharge ou réduction concernant les patentes, et pour celles en remise ou modération de toutes les natures de contributions.

Un assistant. — En dehors des réclamations collectives pour pertes dont l'initiative appartient aux maires des communes, les percepteurs ne sont-ils pas autorisés à présenter des demandes, également collectives, à l'occasion de contribuables indûment imposés ou indigents ?

Le père Bertrand. — Vous voulez parler des états

de cotes indûment imposées et des états de cotes irrécouvrables dont je vous aurais déjà entretenu, si j'y avais vu pour vous quelqu'intérêt.

La faculté accordée aux percepteurs ne s'exerce, en réalité, qu'à leur avantage à peu près exclusif; en leur permettant d'apurer des cotes qui n'ont plus de répondants, ou qui s'appliquent à des individus dont ils ne pourraient être payés.

Ce n'est donc pas vous, bons contribuables, qui pouvez profiter du droit dévolu aux percepteurs, sachant d'ailleurs que ces comptables, pas plus qu'une tierce personne quelconque, ne peut réclamer au lieu et place d'un contribuable mal imposé.

Je reviens à l'instruction des réclamations.

Lorsque le contrôleur a exprimé son avis et que le directeur a consigné son rapport sur une série de demandes, ces demandes reviennent à la préfecture, — celles dont on a proposé l'admission pour être jugées, et celles dont on a proposé le rejet pour recevoir, s'il y a lieu, les nouvelles observations du réclamant. (Dans ce dernier cas, le dossier reste déposé pendant dix jours à la préfecture — ou à la sous-préfecture, — et le réclamant est avisé de ce dépôt).

Le conseil de préfecture statue sur les demandes individuelles en décharge ou réduction, ainsi que sur les états de cotes indûment imposées.

Les demandes en remise ou modération sont jugées par le préfet seul.

Lorsqu'une réclamation contient en même temps

une demande en décharge ou réduction et une demande en remise ou modération, l'instruction est scindée, afin que le conseil de préfecture et le préfet puissent prononcer chacun selon sa compétence.

Si, pendant le dépôt de sa réclamation (à la préfecture ou à la sous-préfecture), le réclamant a demandé une expertise, il est au plustôt procédé à cette expertise, et ce n'est qu'après l'accomplissement de cet acte que le conseil de préfecture est appelé à statuer définitivement.

Les frais d'expertise sont à la charge du demandeur si la demande est rejetée ; si cette demande est admise ils sont supportés, suivant le cas, par l'Etat ou la commune.

Tout contribuable est en droit de se pourvoir devant le conseil d'Etat contre une décision du conseil de préfecture, en matière de contributions directes.

Le pourvoi doit, dans ce cas, être exercé dans les trois mois de la notification de la décision. — Toute requête doit être faite sur papier timbré, s'il s'agit d'une cote de trente francs et au-dessus ; elle est exempte du timbre quand cette cote est inférieure à trente francs. Elle peut n'être accompagnée que de la notification ou lettre d'avis de la décision du conseil de préfecture ; mais si le réclamant juge utile d'y joindre une copie entière de cette décision et des rapports sur lesquels elle est intervenue, cette copie lui est délivrée à raison de 75 centimes le rôle.

Le recours au conseil d'Etat n'est soumis qu'au droit du timbre, et doit être transmis au Gouvernement, sans frais, par l'intermédiaire du préfet.

Je vais clore ce dernier entretien, mes amis, en mettant sous vos yeux des modèles tout libellés pour les cas les plus usuels de réclamations. Ces modèles seront classés suivant l'ordre de contributions que nous avons suivi dans nos veillées.

MODÈLES DE RÉCLAMATIONS.(*)

DEMANDES EN DÉCHARGE OU RÉDUCTION,
SUR CONTRIBUTION FONCIÈRE.

Modèle n° 1er. — Corrosion (totale ou partielle) d'une parcelle de terrain.

Pièces à joindre :
1° Feuille d'avertissement ;
2° Quittance de termes échus ;
3° Extrait de la matière cadastrale.

Délai de réclamation :
(Dans les trois mois de la publication du rôle).

Monsieur le Préfet (ou Sous-Préfet, s'il y a lieu),

Le soussigné a l'honneur de porter à votre connaissance que, par suite du débordement de la rivière de......, survenu le (*indiquer l'époque*), une parcelle de terrain lui appartenant, en nature de....., sise sous le n°......, de la section...... du plan cadastral, inscrite à la matrice pour un revenu foncier de......, a subi une corrosion (*partielle ou totale*).

Il vous prie de vouloir bien lui faire accorder le dégrèvement de contribution foncière auquel il peut

(*) Toutes les réclamations doivent être *datées*, et doivent indiquer l'autorité à laquelle elles sont adressées.

avoir droit, et d'ordonner la supression (*totale ou partielle*) de la parcelle dont il s'agit, de la matière imposable.

Le soussigné est avec respect, etc.

———

Mod. n° 8. — Démolition, incendie, ou conversion en bâtiment rural, — d'une maison, usine, etc., — avant le 1er janvier.

Pièces à joindre :	Délai de réclamation :
1° Feuille d'avertissement ;	(Dans les trois mois de la
2° Quittance des termes échus.	publication du rôle.)

Le soussigné a l'honneur de vous exposer que sa maison (*ou usine, etc.*) sise s°n...... n°...... du plan cadastral, inscrite à la matrice pour un revenu foncier de...... a été (*totalement ou en partie*) démolie, (*incendiée, ou convertie en bâtiment rural*) avant le 1er janvier dernier.

Il sollicite la décharge de la contribution foncière afférente à l'immeuble (*ou la partie de l'immeuble*) dont il s'agit.

———

Mod. n° 9. — Une même pétition doit être jointe touchant la contribution des portes et fenêtres, en modifiant comme il suit le deuxième paragraphe :

Il sollicite la décharge de la contribution des portes et fenêtres, au nombre de......, qui desservaient l'immeuble (*ou la partie de l'immeuble*) dont il s'agit.

———

DEMANDES EN REMISE OU MODÉRATION,

SUR CONTRIBUTION FONCIÈRE

Mod. n° 4. — Pertes de revenu, ou pertes immobilières, par suite de gelée, grêle, inondation, ou incendie, ayant le caractère d'un événement majeur.
(Demande collective à présenter par le maire de la commune.)

Pièces à joindre :	Délai de réclamation :
(Néant).	(Dans les quinze jours qui suivent l'événement.)

Monsieur le Préfet (ou Sous-Préfet),

Par l'effet d'une grêle, (*inondation, gelée, ou incendie*) en date du...... un grand nombre (*ou plusieurs*) de mes administrés ont éprouvé des dommages importants.

Je m'empresse de vous donner connaissance de ce malheureux événement.

Permettez-moi, Monsieur le Préfet (*ou Sous-Préfet*) de faire appel à votre sollicitude et à votre bienveillance, en faveur des victimes du désastre que je viens de vous signaler.

Une vérification sur les lieux par un agent de l'administration me paraissant indispensable et les instructions prescrivant, dans ce cas, l'intervention de commissaires présentés par le maire, j'ai l'honneur de vous proposer MM.......... (*indiquer deux noms*) dont le caractère honorable et indépendant. ainsi que l'aptitude spéciale, offrent toutes les garanties nécessaires en pareille occurence.

Je suis, etc

Mod. n° 5. — Perte par incendie postérieur au 1ᵉʳ janvier. (Demande individuelle.)

Pièces à joindre :	Délai de réclamation :
1° Feuille d'avertissement.	(Dans les quinze jours qui suivent
2° Quittance des termes échus.	l'événement.)

Le soussigné a l'honneur de vous exposer que sa maison sise s⁰ⁿ...... n°...... a été incendiée à la date du......

Cette maison comporte un revenu foncier de...... et représentait une valeur vénale approximative de......

La maison dont il s'agit ayant été détruite totalement (*ou dans la proportion de......*) le soussigné évalue à...... la perte qu'il éprouve, y compris sa perte mobilière qui s'élève à......

Plein de confiance dans votre bienveillance, Monsieur le Préfet *(ou Sous-Préfet)*, il ose espérer que vous voudrez bien lui faire accorder la remise de ses impôts, et, si cela vous est possible, un secours spécial qui lui serait bien nécessaire dans ces tristes circonstances.

Mod. n° 6. — Celui qui ne sera que locataire de la maison incendiée devra réclamer comme il suit :

Le soussigné a l'honneur de vous exposer qu'un incendie s'est déclaré à la date du...... dans la maison qu'il habitait.

Il a éprouvé, par l'effet de cet incendie, une perte mobilière de...... qui n'est couverte par aucune assurance.

Dans ces tristes circonstances il a recours à vous, Monsieur le Préfet (*ou Sous-Préfet*), et sollicite de votre bienveillance une remise de contribution mobilière et, si cela est possible, un secours spécial que justifierait pleinement son état de gêne bien avéré.

————

Mod. n° 7. — Démolition de maison, usine, etc., postérieure au 1er janvier.

Pièces à joindre :
1° Feuille d'avertissement ;
2° Quittance des termes échus.

Délai de réclamation :
(Dans les quinze jours qui suivent l'événement).

Le soussigné a l'honneur de vous exposer qu'il a fait démolir une maison sise s°n...... n°......du plan cadastral, inscrite à la matrice pour un revenu foncier de...... ;

Que la démolition de cette maison a été entreprise le...... et terminée le...... ;

Il sollicite la remise de la contribution foncière afférente à la maison dont il s'agit, à partir du mois qui a suivi sa démolition.

————

Mod. n° 8. — Une même demande doit être jointe touchant la contribution des portes et fenêtres, en modifiant comme il suit le troisième paragraphe :

Il sollicite, à partir du mois qui a suivi la démolition, la remise de la contribution des portes et fenêtres, au nombre de......, qui desservaient la maison dont il s'agit.

————

Mod. n° 9. — Vacance de maison, usine, etc.

Pièces à joindre :
1° Feuille d'avertissement ;
2° Quittance des termes échus.

Délai de réclamation.
(Dans les quinze jours qui suivent
l'année, — le semestre, — ou le
trimestre de la vacance).

Le soussigné a l'honneur de vous exposer qu'il est propriétaire d'une maison *(ou usine, etc.)* sise s°..... n°...... du plan cadastral, inscrite à la matrice pour un revenu foncier de...... qui est restée vacante *(en totalité ou en partie)* depuis le...... jusqu'à la date du......, malgré des démarches actives et publiques, et des affiches apposées, pour en obtenir la location.

Il sollicite un dégrèvement d'impôt foncier pour toute la durée de la vacance de l'immeuble *(ou partie de l'immeuble)* dont il s'agit.

Mod. n° 10. — Une même demande doit être jointe touchant la contribution des portes et fenêtres, en modifiant comme il suit le deuxième paragraphe.

Il sollicite, pour toute la durée de la vacance, la remise de la contribution des portes et fenêtres au nombre de...... qui desservent l'immeuble *(ou la partie de l'immeuble)* dont il s'agit.

DEMANDES EN DÉCHARGE OU RÉDUCTION,

SUR CONTRIBUTION DES PORTES ET FENÊTRES.

Mod. n° 11. — Erreur dans le nombre des ouvertures.

Pièces à joindre :
1° Feuille d'avertissement ;
2° Quittance des termes échus.

Délai de réclamation :
(Dans les trois mois de la publication du rôle).

Le soussigné a l'honneur de vous exposer que sa maison sise s°n...... n°...... du plan cadastral (*ou seulement sise à tel endroit*) est imposée pour...... portes et fenêtres, bien qu'elle n'en ait que......

Il demande une réduction de contribution pour la présente année, et une rectification définitive de l'erreur qui a été commise à son préjudice.

Mod. n° 12. — Conversion d'une porte cochère en porte ordinaire.

Pièces à joindre :
1° Feuille d'avertissement ;
2° Quittance des termes échus.

Délai de réclamation :
(Dans les trois mois de la publication du rôle).

Le soussigné a l'honneur de vous exposer qu'il a transformé une porte cochère en porte ordinaire, avant le premier janvier dernier, dans sa maison sise s°n...... n°...... (*ou seulement sise à tel endroit*).

Il vous prie de vouloir bien lui faire accorder, pour l'année courante, décharge de la différence de contribution devant résulter de cette modification.

Il demande également le déclassement définitif de l'ouverture dont il s'agit.

Mod. n° 13. — Suppression d'ouvertures.

Pièces à joindre :	Délai de déclaration :
1° Feuille d'avertissement;	(Dans les trois mois de la
2° Quittance des termes échus.	publication du rôle).

Le soussigné a l'honneur de vous exposer qu'il a supprimé.... ouvertures à sa maison sise s°°.... n°.... (*ou seulement sise à tel endroit*), avant le 1ᵉʳ janvier.

Il vous prie de vouloir bien lui faire accorder, pour l'année courante, décharge de la différence de contribution devant résulter de cette modification.

Il demande également la suppression définitive des ouvertures dont il s'agit.

DEMANDES EN DÉCHARGE OU RÉDUCTION,
SUR CONTRIBUTION PERSONNELLE ET MOBILIÈRE.

Mod. n° 14. — Double emploi dans la même commune.

Pièces à joindre :	Délai de réclamation.
1° Feuille d'avertissement,	(Dans les trois mois de la
2° Quittance des termes échus.	publication du rôle).

Le soussigné a l'honneur de vous exposer qu'il est, ainsi que le constatent les deux avertissements ci-joints, imposé par double emploi à la contribution personnelle et mobilière, sous les articles...... (*indiquer le n° de chacun de ces articles*).

Il vous prie de vouloir bien lui faire accorder la décharge et la radiation de l'article...... (*indiquer l'article à supprimer*).

....

Mod. n° 15. — Imposition dans deux communes.

Pièces à joindre :
1° Feuilles d'avertissement ;
2° Quittance des termes échus.

Délai de réclamation :
(Dans les trois mois de la publication du rôle).

Le soussigné a l'honneur de vous exposer qu'il est indûment imposé à la contribution personnelle et mobilière dans la commune de......., qu'il a cessé d'habiter au mois de...., et dans laquelle il n'a conservé aucune habitation meublée.

Comme il justifie, par l'avertissement ci-joint, de son imposition à la même contribution dans la commune de.... où il réside actuellement, il demande la décharge de sa cotisation dans la première commune.

———

Mod. n° 16. — Décès antérieur au 1ᵉʳ janvier.

Pièces à joindre :
1° Feuille d'avertissement ;
2° Quittance des termes échus.

Délai de réclamation :
(Dans les trois mois de la publication du rôle).

Le soussigné (*ou la soussignée*) a l'honneur de vous exposer que le sieur........, son père (*ou son mari, son frère, son oncle, etc.*) est décédé le........, et que, par conséquent, il est indûment imposé, pour l'exercice courant, sous l'article..... du rôle de la commune de.......

Le soussigné demande, en qualité d'héritier, la décharge de la contribution sus-indiquée.

Nota. — Si l'habitation du contribuable décédé est restée meublée à la disposition des héritiers, ou de l'un deux, postérieurement au 1ᵉʳ janvier, ceux-là ne seraient en droit de réclamer que la décharge de la taxe personnelle.

———

Mod. n° 17. — Surtaxe comparative.

Pièces à joindre :
1° Feuille d'avertissement ;
2° Quittance des termes échus.

Délai de réclamation :
(Dans les trois mois de la publication du rôle).

Le soussigné a l'honneur de vous exposer que le loyer d'habitation, qui sert de base à sa contribution mobilière, est trop élevé comparativement à la généralité des loyers de la commune, et notamment à ceux attribués aux sieurs........ (*indiquer les noms de divers contribuables dont les cotisations sont prises comme termes de comparaison*).

DEMANDES EN REMISE OU MODÉRATION,
SUR CONTRIBUTION PERSONNELLE ET MOBILIÈRE.

Mod. n° 18. — Indigence.

Pièces à joindre :
Feuille d'avertissement.

Délai de réclamation :
(Sans délai fatal, mais le plus possible dès le commencement de l'année).

Le soussigné a l'honneur de vous exposer très humblement, que son état d'indigence ne lui permet pas d'acquitter le montant de la contribution personnelle et mobilière (*ou personnelle seulement*) qui lui est attribuée sous l'article..... du rôle général.

Il a l'espoir que vous daignerez accueillir favorablement sa demande, tendant à la remise de la contribution dont il s'agit.

Mod. n° 19. — État de gêne momentané.

Pièces à joindre :
1° Feuille d'avertissement;
2° Quittance de la partie de la cote
   qui a pu être payée.

Délai de réclamation :
(A toute époque de l'année).

Le soussigné a l'honneur de porter à votre connaissance qu'il est l'unique soutien d'une famille actuellement dans la détresse, par suite d'une longue maladie qu'il vient de faire.

I se trouve, en conséquence de ce malheureux événement, dans l'impossibilité d'acquitter sa contribution personnelle et mobilière (*ou partie de cette contribution*).

Plein de confiance dans votre bienveillance, monsieur le Préfet (*ou Sous-Préfet*), il vous prie très-humblement de lui accorder le dégrèvement de cette contribution (*ou de la somme qui lui reste à payer sur cette contribution*).

DEMANDES EN DÉCHARGE OU RÉDUCTION,
SUR CONTRIBUTION DES PATENTES.

Mod. n° 20. — Décès d'un patentable avant le 1er Janvier.

Pièces à joindre :
1° Feuille d'avertissement;
2° Quittance des termes échus.

Délai de réclamation :
(Dans les trois mois de la publication du rôle).

Le soussigné (*ou la soussignée*) a l'honneur de vous exposer que son père (*mari, fils, etc.*) qui exerçait la profession de....... est décédé à la date du..,,...., et que toutes les opérations se rapportant à son commerce ont cessé avant le 1er janvier dernier.

Il vous prie, dans ces conditions, de vouloir bien ordonner la décharge de la patente maintenue au rôle, sous l'article....., pour la présente année.

Mod. n° 21. — Cessation de profession avant le 1er janvier.

Pièces à joindre :	Délai de réclamation :
1° Feuille d'avertissement ;	(Dans les trois mois de la
2° Quittance des termes échus.	publication du rôle).

Le soussigné a l'honneur de vous exposer qu'il a renoncé, avant le 1er janvier dernier, à la profession de........, et qu'il n'exerce actuellement aucune nouvelle profession imposable.

Il vous prie de vouloir bien ordonner la décharge de la patente pour laquelle il reste inscrit au rôle de la présente année.

Mod. n° 22. — Décès d'un patentable postérieur au 1er janvier.

Pièces à joindre :	Délai de réclamation :
1° Feuille d'avertissement ;	(Dans les trois mois qui suivent
2° Quittance des termes échus.	le décès).

Le soussigné (*ou la soussignée*) a l'honneur de vous exposer que son père (*mari, fils, etc.*) qui exerçait la profession de........ est décédé à la date du...... et que toutes les opérations se rapportant à son commerce ont cessé dans le mois de.....

Il sollicite le dégrèvement de la patente inscrite sous l'article....., à partir du 1er jour du mois qui a suivi la cessation des opérations précitées.

Mod. n° 23. — Cession d'établissement postérieure au 1er janvier.

Pièces à joindre :
1° Feuille d'avertissement ;
2° Quittance des termes échus.

Délai de réclamation :
(Dans les trois mois qui suivent la cession).

Le soussigné a l'honneur de vous exposer qu'il a cédé son établissement au sieur (*indiquer les nom et prénoms du cessionnaire*), à partir du mois d..... de cette année, et qu'il n'exerce plus aucune profession imposable.

Il demande le transfert des droits de patente à son successeur, à dater de l'époque sus-indiquée.

Mod. n° 24. — Exagération de valeur locative.

Pièces à joindre :
1° Feuille d'avertissement ;
2° Quittance des termes échus.

Délai de réclamation :
(Dans les trois mois de la publication du rôle).

Le soussigné a l'honneur de vous exposer que la valeur locative qui sert de base au droit proportionnel de sa patente est exagérée, cette valeur locative étant portée à..... et son loyer n'étant que de......, ainsi qu'il peut en justifier.

Il demande, en conséquence une réduction du droit proportionnel de sa patente.

Nota. — Le réclamant peut dire aussi que les locaux qu'il occupe, et dont il est propriétaire, ne pourraient se louer plus de....., — ou encore, qu'il sous-loue une partie des appartements, ou divers locaux, compris dans son bail.

DEMANDES EN REMISE OU MODÉRATION,
SUR CONTRIBUTION DES PATENTES.

Mod. n° 25. — Non-réussite de commerce, ou pertes éprouvées.

Pièces à joindre :
1° Feuille d'avertissement ;
2° Quittance des sommes payées.

Délai de réclamation :
(Pas de délai fatal.)

Permettez-moi de vous exposer que le commerce de......., que j'ai récemment entrepris, a trompé mes prévisions.

Que loin de réaliser des bénéfices, j'ai subi des pertes importantes et que je vais être forcé, sans doute, de renoncer à ma profession.

J'ose espérer que, prenant en considération les malheureuses circonstances que j'ai l'honneur de vous signaler, vous voudrez bien me faire accorder le dégrèvement total, ou tout au moins partiel, des droits de patente qui me restent à acquitter.

Mod. n° 26. — Indigence.

Pièces à joindre :
Feuille d'avertissement.

Délai de réclamation.
(Sans délai fatal, mais le plus possible, dès le commencement de l'année.)

J'ai l'honneur de vous exposer que si le petit commerce de...... que j'ai entrepris doit donner lieu à la patente, il serait équitable de me dispenser d'en acquitter le montant, à cause de mon état notoire d'indigence.

Permettez-moi d'espérer que, prenant en considération ma position réellement nécessiteuse, vous voudrez bien m'accorder la remise intégrale des droits qui se rapportent à ma minime profession.

NOTA. — Les réclamations de l'espèce ne peuvent être produites (dans de rares circonstances) que par des regrattiers, fruitiers et autres petits détaillants dont le commerce ne nécessite pas, à proprement parler, une mise de fonds.

DEMANDES SUR CONTRIBUTION
DES VOITURES ET CHEVAUX.

Mod. n° 27. — Voitures ou chevaux acquis après le 1er janvier.

Pièces à joindre :	Délai de réclamation :
1° Feuille d'avertissement ;	(Dans les trois mois de la
2° Quittance des termes échus.	publication du rôle.)

Le soussigné vous prie de vouloir bien le faire exonérer de l'imposition qui lui a été attribuée d'office pour la présente année :

Attendu que la voiture (*ou la voiture et le cheval*) à raison de laquelle (*ou desquels*) il est cotisé à la triple taxe, ne sont en sa possession que depuis une époque postérieure au 1er janvier, — ainsi qu'il lui sera facile d'en justifier au besoin.

NOTA. — Pour la contribution des voitures et chevaux il ne peut guère se présenter que le cas de réclamation ci-dessus, parce que chaque contribuable, ayant fait lui-même sa déclaration, ou l'ayant modifiée quand il y a eu lieu, ne saurait être indûment imposé.

Il ne saurait, non plus, être produit de demande en *remise* ou *modération* parce que, dans l'espèce, les éléments de cotisation appartiennent à des personnes aisées, ou réputées aisées.

DEMANDES EN DÉCHARGE OU RÉDUCTION,
SUR LA TAXE DES PRESTATIONS.

Mod. n° 28. — Changement de résidence antérieur au 1er janvier.

Pièces à joindre :
1° Feuille d'avertissement ;
2° Quittance des termes échus.

Délai de réclamation :
(Dans les trois mois de la publication du rôle.)

Le soussigné a l'honneur de vous exposer qu'il est indûment imposé à la taxe des prestations, dans la commune de....., attendu qu'il a quitté cette commune au mois de..... (*antérieur au 1er janvier*), et qu'il n'y a conservé aucun établissement.

Il demande, en conséquence, la décharge de la susdite taxe.

Mod. n° 30. — Prestataire ayant plus de 60 ans.

Pièces à joindre :
1° Feuille d'avertissement ;
2° Quittance des termes échus ;
3° Extrait de l'acte de naissance, ou, simplement, un certificat du maire indiquant le lieu et la date de la naissance.

Délai de réclamation :
(Dans les trois mois de la publication du rôle.)

Le soussigné a l'honneur de vous exposer qu'il est né le....., dans la commune de....., ainsi que le constate le certificat ci-joint, et que, par conséquent il était âgé de 60 ans avant le 1er janvier dernier.

Dans ces conditions, il réclame le dégrèvement des....., journées de prestation, à raison desquelles il est personnellement cotisé.

Mod. n° 30. — Membre de la famille ou serviteur ayant plus de 60 ans, ou moins de 18 ans.

Pièces à joindre :
(Comme ci-dessus, mod. 29.)

Délai de réclamation :
(Comme ci-dessus, mod. 29.)

Le soussigné a l'honneur de vous exposer que son fils (*ou l'un de ses fils, ou son neveu, ou son père, ou un frère, ou son serviteur, ou l'un de ses serviteurs*), pour lequel il est imposé à la prestation, est né le....., ainsi que le constate le certificat ci-joint, et que, par conséquent, il n'avait pas atteint sa dix-huitième année (*ou avait atteint sa soixantième année*) à l'époque du 1er janvier dernier.

Il demande une réduction de..... journées de prestation.

Mod. n° 31. — Contribuable imposé pour un homme de journée qui est lui-même inscrit au rôle des prestations.

Pièces à joindre :
1° Feuille d'avertissement ;
2° Quittance des termes échus.

Délai de réclamation :
(Dans les trois mois de la publication du rôle.)

Le soussigné a l'honneur de vous exposer qu'il est cotisé à la prestation pour un homme qui n'est pas en réalité son domestique, mais bien un journalier ayant un domicile particulier, et qui lui-même est imposé pour sa personne, au rôle des prestations.

Il sollicite, dans ces conditions, le dégrèvement de journées d'homme qui lui sont attribuées irrégulièrement, et par double emploi,

---

Mod. n° 32. — Cheval (ou autre animal imposable) vendu avant le 1er janvier.

Pièces à joindre :
1° Feuille d'avertissement ;
2° Quittance des termes échus.

Délai de réclamation :
(Dans les trois mois de la publication du rôle.)

Le soussigné a l'honneur de vous exposer que le cheval (*l'un des chevaux ou un animal imposable quelconque*), à raison duquel il est imposé à la taxe des prestations, est mort (*ou a été vendu*) avant le 1er janvier dernier.

Il demande la décharge de la somme de....., afférente à.... journées de cheval (*de mulet, âne, etc. et de voiture, s'il y a une voiture qui, par suite de la vente ou de la mort de l'animal, a cessé d'être attelée*).

DEMANDE EN REMISE,
SUR LA TAXE DES PRESTATIONS.

Mod. n° 33. — Indigence.

Pièces à joindre :
Feuille d'avertissement.

Délai de réclamation :
(Point de délai fatal.)

Le soussigné a l'honneur de vous exposer qu'il avait, au commencement de l'année, opté pour sa libération en nature de la taxe des prestations, — mais qu'il a été empêché, par une maladie grave, de se rendre à l'ordre qu'il a reçu à ce sujet.

Cette maladie, qui dure encore, ayant d'autre part absorbé toutes ses ressources, et l'obligeant à recourir à la charité publique, il ne peut pas non plus acquitter sa prestation en argent.

Dans ces pénibles circonstances, il s'adresse à vous en toute confiance, et sollicite la remise du montant de la prestation qu'on lui a attribuée.

Nota. — En principe, il suffit de s'adresser au maire de la commune pour les demandes, en matière de prestation fondées sur l'indigence, — ce magistrat pouvant, avec l'intervention du receveur municipal, faire exonérer les contribuables indigents.

Le modèle ci-dessus n'est donc donné que pour ordre.

DEMANDE EN DÉCHARGE OU RÉDUCTION,
SUR LA TAXE DES CHIENS.

Mod. n° 54. — Chien indûment imposé d'office.

Pièces à joindre :	Délai de réclamation :
1° Feuille d'avertissement;	(Dans les trois mois de la
2° Quittance des termes échus.	publication du rôle.

Le soussigné a l'honneur de vous exposer qu'il a été indûment imposé d'office pour un chien non déclaré, attendu qu'il n'est possesseur de chien que depuis une époque postérieure au 1ᵉʳ janvier dernier, ainsi qu'il lui est facile d'en établir la preuve.

Il vous prie de vouloir bien lui accorder décharge de la triple taxe qui lui a été attribuée pour défaut de déclaration.

Mod. n° 35. — Chien taxé dans deux communes.

Pièces à joindre :
1° Feuille d'avertissement ;
2° Quittance des termes échus.

Délai de réclamation :
(Dans les trois mois de la publication du rôle).

Le soussigné a l'honneur de vous exposer qu'il possède..... chiens qui gîtent habituellement et se trouvaient notamment, à l'époque du 1er janvier dernier, dans la commune de..... où il chasse (*ou dans laquelle il fait garder des troupeaux*) ; qu'il a été imposé dans la dite commune à raison des chiens dont il s'agit, en vertu de sa déclaration.

Que, néanmoins, il a été taxé pour les mêmes chiens dans la commune de..... où il a son domicile et où il n'y avait pas lieu de l'imposer, car ses chiens ne l'y suivent jamais (*ou ne l'y suivent qu'accidentellement*).

Il demande, en conséquence de ces faits, la décharge de la triple taxe dont il a été frappé dans cette dernière commune.

Mod. n° 36. — Chien de la deuxième catégorie imposé dans la première.

Pièces à joindre :
1° Feuille d'avertissement ;
2° Quittance des termes échus.

Délai de réclamation :
(Dans les trois mois de la publication du rôle).

Le soussigné a l'honneur de vous exposer que c'est sans doute par erreur qu'il a été taxé, contrairement à sa déclaration, pour un chien de première catégorie, attendu que celui qu'il possède n'appartient réellement qu'à la deuxième (*déduire*

*les motifs, tels que : garde d'une habitation isolée,
d'un atelier, d'un magasin, etc.)* ;

Le chien dont il s'agit étant exclusivement affecté
à la garde, le soussigné vous prie de vouloir bien
faire réduire sa taxe à la somme..... afférente aux
chiens de la deuxième catégorie.

Nota. — Point de cas usuels de réclamations pour *remise*
ou *modération*, en ce qui concerne la taxe sur les chiens.

TARIF GÉNÉRAL DES DROITS DE PATENTE.

TABLEAU A

TARIF GÉNÉRAL

DES PROFFSSIONS IMPOSÉES EU ÉGARD A LA POPULATION.

| CLASSES. | DROIT FIXE DANS LES COMMUNES. | | | | | | |
	au-dessus de 100,000 âmes.	de 50,001 à 100,000 âmes.	de 30,001 à 50,000 âmes.	de 20,001 à 30,000 âmes.	de 10,001 à 20,000 âmes.	de 5,001 à 10,000 âmes.	de 2,001 à 5,000 âmes.	de 2,000 âmes et au-dessous
1re.	300f.	240f.	180f.	120f	80f.	60f.	45f.	35f.
2e..	150	120	90	60	45	40	30	25
3e..	100	80	60	40	30	25	22	18
4e..	75	60	45	30	25	20	18	12
5e..	50	40	30	20	15	12	9	7
6e..	40	32	24	16	10	8	6	4
7e..	20	16	12	8	*8	*5	*4	*3
8e..	12	10	8	6	*5	*4	*3	*2

Le signe * veut dire exemption du droit proportionnel.

Sont réputés :

Marchands en gros.	Ceux qui vendent habituellement à d'autres marchands (Loi du 18 mai 1850).
Marchands en demi-gros	Ceux qui vendent habituellement aux détaillants et aux consommateurs (Loi des 25 avril 1844 et 18 mai 1850).
Marchands en détail.	Ceux qui ne vendent habituellement qu'aux consommateurs (Lois des 25 avril 1844 et 18 mai 1850).

PREMIÈRE CLASSE.

Aiguilles à coudre et à tricoter (Marchand d') en gros.
Bas et bonneterie (Marchand de) en gros.
Beurre frais ou salé (Marchand de) en gros.
Blondes (Marchand de) en gros.
Bois à brûler (M^d de) ; celui qui, ayant chantier ou magasin, vend au stère ou par quantité équivalente ou supérieure.
Bois de marine ou de construction (Marchand de).
Bois merrain (Marchand de) en gros, s'il vend par bateau ou charrette.
Bois de sciage (Marchand de) en gros.
Bronzes, dorures et argentures sur métaux (M^d de) en gros.
Cachemires de l'Inde (Marchand de).
Caisse d'escompte (Tenant).
Caisse ou comptoir d'avances ou de prêts (Tenant).
Caisse ou comptoir de recettes et de paiements (Tenant).
Châles (Marchand de) en gros.
Changeur de monnaies.
Chapeaux de feutre, de soie et de paille (M^d de) en gros.
Chapellerie (Marchand de matières premières pour la).
Charbon de bois (Marchand de) en gros.
Chiffonnier (Marchand) en gros ; celui qui a magasin et qui vend habituellement par quantités excédant 2,000 kilogr.
Cloutier (Marchand) en gros.
Coton en laine (Marchand de) en gros.
Coton filé (Marchand de) en gros,
Coutellerie (Marchand de) en gros.
Crin frisé (Marchand de) en gros.
Cristaux (Marchand de) en gros.
Cuirs en vert étrangers (Marchand de) en gros.
Cuirs tannés, corroyés, lissés, vernissés (M^d de) en gros.
Denrées coloniales (Marchand de) en gros.
Dentelles (Fabricant de) en gros.
Dentelles (Marchand de) en gros.
Diamants et pierres fines (Marchand de).
Droguiste (Marchand) en gros.
Eaux-de-vie (Marchand d') en gros.

Epicerie (Marchand d') en gros.
Epingles (Marchand d') en gros.
Escompteur.
Faïence (Marchand de) en gros.
Fanons ou barbes de baleine (Marchand de) en gros.
Fer en barres (Marchand de) en gros ; celui qui vend habi-
    tuellement par parties d'au moins 500 kilogrammes.
Fleurets et filoselle (Marchand de) en gros.
Fromages secs (Marchand de) en gros.
Fruits secs (Marchand de) en gros.
Graines fourragères, oléagineuses et autres (Marchand de)
    en gros ; celui qui vend habituellement par quantités
    équivalentes à 10 hectolitres et au-dessus.
Horlogerie (Marchand en gros de pièces d').
Huiles (Marchand d') en gros.
Inhumations et pompes funèbres (Entreprise des) dans les
    villes autres que Paris.
Laine brute ou lavée (Marchand de) en gros.
Laine filée ou peignée (Marchand de) en gros.
Lait (Marchand expéditeur de).
Liége brut (Marchand de) en gros.
Lin ou chanvre brut ou filé (Marchand de) en gros.
Liqueurs (Marchand de) en gros.
Mercerie (Marchand de) en gros.
Métaux (Marchand de) en gros, autres que l'or, l'argent, le
    fer en barre et la fonte.
Miel et cire brute (Marchand expéditeur de).
Mine de plomb (Marchand de) en gros.
Œufs ou volailles (Marchand expéditeur d').
Os pour la fabrication du noir animal (M^d d') en gros.
Papetier (Marchand) en gros.
Parfumeur (Marchand) en gros.
Pastels (Marchand de) en gros.
Peaussier (Marchand) en gros.
Pelleteries et fourrures (Marchand de) en gros, s'il tire habi-
    tuellement des pelleteries de l'étranger, ou s'il en envoie.
Pendules et bronzes (Marchand de) en gros.
Pierres fines (Marchand de).
Planches (Marchand de) en gros.

Plume et duvet (Marchand de) en gros.
Poisson salé, mariné, sec et fumé (Marchand de) en gros.
Porcelaine (Marchand de) en gros.
Quincaillerie (Marchand de) en gros.
Résines et autres matières analogues (Marchand de) en gros.
Rogues ou œufs de morue (Marchand de) en gros.
Rouge végétal (Marchand de) en gros.
Rubans pour modes (Marchand de) en gros.
Safran (Marchand de) en gros.
Sangsues (Marchand de) en gros.
Savon (Marchand de) en gros.
Sel (Marchand de) en gros.
Soie (Marchand de) en gros.
Soies de porc ou de sanglier (Marchand de) en gros.
Soufre (Marchand de) en gros.
Sucre brut et raffiné (Marchand de) en gros.
Suif fondu (Marchand de) en gros.
Tabac (M^d de) dans le département de la Corse, en gros.
Tabac en feuilles (Marchand de).
Teinture (Marchand en gros de matières première pour la).
Thé (Marchand de) en gros.
Tissus de laine, de fil, de coton, de soie ou de crin (Marchand de) en gros.
Ventes à l'encan (Directeur d'un établissement de).
Verres blancs et cristaux (Marchand de) en gros.
Vinaigre (Marchand de) en gros.
Vins (Marchand de) en gros; vendant habituellement des vins par pièces ou paniers de vins fins, soit aux marchands en détail et aux cabaretiers, soit aux consommateurs.

DEUXIÈME CLASSE.

Abattoir public (Concessionnaire ou fermier d').
Aiguilles à coudre et à tricoter (Marchand d') en demi-gros.
Bas et bonneterie (Marchand de) en demi-gros.
Beurre frais ou salé (Marchand de) en demi-gros.
Bijoutier (Marchand fabricant) ayant atelier et magasin.
Blondes (Marchand de) en demi-gros.

Bois à brûler (Marchand de) ; celui qui n'ayant ni chantier ni magasin, vend sur bateau ou sur les ports, au stère ou par quantité équivalente ou supérieure.

Bois de teinture (Marchand de) en demi-gros.

Bronzes, dorures et argentures sur métaux (Marchand de) en demi-gros.

Carrossier (Fabricant).

Chapeaux de feutre, de soie et de paille (Marchand de) en demi-gros.

Charbon de terre épuré ou non (Marchand de) en gros ; celui qui vend habituellement par voiture de 1,000 kilogrammes et au-dessus.

Cloutier (Marchand) en demi-gros.

Condition pour les soies (Entrepreneur ou fermier d'une).

Coton filé (Marchand de) en demi-gros.

Coutellerie (Marchand de) en demi-gros.

Crin frisé (Marchand de) en demi-gros.

Cristaux (Marchand de) en demi-gros.

Dentelles (Marchand de) demi-gros.

Dentelles (Fabricant de) en demi-gros.

Diorama, panorama, néorama, géorama (Directeur de).

Droguiste (Marchand) en demi-gros.

Eaux-de-vie (Marchand d') en demi-gros.

Entrepôt (Concessionnaire, exploitant ou fermier des droits d'emmagasinage dans un).

Entreprise générale du balayage, de l'arrosage ou de l'enlèvement des boues.

Epicerie (Marchand d') en demi-gros.

Epingles (Marchand d') en demi-gros.

Fanons ou barbes de baleine (Marchand de) en demi-gros.

Fleurets et filoselle (Marchand de) en demi-gros.

Huiles (Marchand d') en demi-gros.

Joaillier (Fabricant et marchand) ayant atelier et magasin.

Laine filée ou peignée (Marchand de) en demi-gros.

Lin ou chanvre brut ou filé (Marchand de) en demi-gros.

Merceries (Marchand de) en demi-gros.

Métaux (Marchand en demi-gros de) autres que l'or, l'argent, le fer en barres, la fonte.

Nouveautés (Marchand de) n'occupant pas plus de cinq per-
sonnes préposées à la vente.
Or et argent (Marchand d').
Orfèvre (Marchand fabricant) avec atelier et magasin.
Quincaillier en demi-gros.
Rubans pour modes (Marchand de) en demi-gros.
Sel (Marchand de) en demi-gros.
Serrurerie (Marchand expéditeur d'objets de).
Soie (Marchand de) en demi-gros.
Soies de porc ou de sanglier (Marchand de) en demi-gros.
Sucre brut et raffiné (Marchand de) en demi-gros.
Suif fondu (Marchand de) en demi-gros.
Tabletterie (Marchand expéditeur de).
Thé (Marchand de) en demi-gros.
Tissus de laine, de fil, de coton, de soie ou de crin (Mar-
chand de) en demi-gros.
Verres blancs et cristaux (Marchand de) en demi-gros.
Verroterie et gobeleterie (Marchand de) en demi-gros.

TROISIÈME CLASSE.

Affineur d'or, d'argent ou de platine.
Agréeur.
Ardoises (Marchand d') en gros. Celui qui expédie par bateaux
ou voitures.
Bâtiments (Entrepreneur de).
Bazar de voitures (Tenant).
Bière (Entrepositaire ou marchand en gros de).
Bijoutier (Marchand) n'ayant point d'atelier.
Bimbelotier (Marchand) en gros.
Bœufs (Marchand de).
Bois de sciage (Marchand de). Si, ayant chantier ou magasin,
il ne vend qu'aux menuisiers, ébénistes, charpentiers et
aux particuliers.
Bois d'ébénisterie (Marchand de).
Bois en grume ou de charronnage (Marchand de).
Bouchons (Marchand de) en gros.
Broderies (Fabricant et marchand de) en gros.
Caractères d'imprimerie (Fondeur de).

Carton ou carton-pierre (M^d fabricant d'ornements en pâte de).

Châles (Marchand de' en détail.

Chardons pour le cardage (Marchand de) en gros.

Chocolat (Marchand de) en gros.

Chocolat (Fabricant de), avec machine à vapeur ou ouvriers.

Cidre (Marchand de) en gros.

Cirage ou encaustique (Fabricant de), avec machine à vapeur ou ouvriers.

Comestibles (Marchand de).

Confiseur.

Conserves alimentaires (Marchand de).

Coraux (Préparateur de).

Coraux bruts (Marchand de).

Cuirs en vert du pays (Marchand de) en gros.

Déménagements (Entrepreneur de), s'il a plus de voitures.

Dentelles (Entrepreneur de fabrication de).

Distillateur-liquoriste.

Droguiste (Marchand) en détail.

Eau filtrée ou clarifiée et dépurée (Entrepreneur d'un établissement d').

Encre à écrire (Fabricant et marchand en gros d').

Eponges (Marchand d') en gros.

Equipements militaires (Marchand d'objets d').

Essayeur pour le commerce.

Fer en meubles (Marchand de).

Fondeur d'or et d'argent.

Fruits secs (Marchand de) en demi-gros.

Gantier (Marchand-fabricant).

Glacier-limonadier.

Harpes (Facteur et M^d de), ayant boutique ou magasin.

Horloger.

Hôtel garni (Maître d'), tenant un restaurant à la carte.

Houblon (Marchand de) en gros.

Hydromel (Fabricant et marchand d'.

Imprimeur-libraire.

Imprimeur-typographe.

Imprimerie (Marchand de presse, caractères et ustensiles d')

Iustruments de musique (Marchand expéditeur d').

Jambons (Marchand expéditeur de).

Joaillier (Marchand), n'ayant point d'atelier.

Lattes (Marchand de) en gros.

Libraire-éditeur.

Linger (Fournisseur).

Liqueurs (Fabricant de).

Marbre (Marchand de) en gros.

Modes (Marchand de).

Nacre brute (Marchand de).

Navires (Constructeur de).

Orfévre (Marchand), sans atelier.

Pacotilleur. (Celui qui expédie par petites quantités dans les colonies ou à l'étranger des marchandises diverses, et qui reçoit en retour, soit de l'argent, soit des marchandises d'une autre nature).

Pâtissier expéditeur.

Papetier (Marchand) en demi-gros.

Parfumeur (Marchand) en demi-gros.

Pendules et bronzes (Marchand de) en détail.

Pharmacien.

Pianos et clavecins (Facteur et M^d en boutique ou magasin de).

Plaqué ou doublé d'or et d'argent (Fabricant et M^d d'objets en).

Plume et duvet (Marchand de) en détail.

Plumes à écrire (Marchand expéditeur de).

Poisson salé, mariné, sec et fumé (M^d de) en demi-gros.

Porcelaine (Marchand de) en demi-gros.

Restaurateur à la carte.

Saleur de viandes.

Sarraux ou blouses (Marchand de) en gros.

Savon (Marchand de) en demi-gros.

Sellier-carrossier.

Soie (Marchand de) en détail.

Soudes végétales indigènes (Marchand en gros de).

Soufre (Marchand de) en demi-gros.

Tabac (M^d de) en demi-gros, dans le département de la Corse.

Tabletterie (Marchand de matières premières pour la).

Tailleur (Marchand) avec magasin d'étoffes.

Tapis de laine et tapisseries (Marchand de).

Tissus de laine, de fil, de coton, de soie ou de crin (Marchand de) en détail.
Tournerie de Saint-Claude (Marchand expéditeur d'articles de).
Tourteaux (Marchand de).
Traiteur, donnant à manger chez lui ou portant en ville:
Varech (Marchand de) en gros.
Voilier pour son compte.

QUATRIÈME CLASSE.

Agent d'affaires.
Aiguilles à coudre et à tricoter (Marchand d') en détail.
Alambics et autres grands vaisseaux en cuivre (Fab^t ou M^d d').
Amidon (Marchand d') en gros.
Anchois (Saleur d').
Apparaux (Maître d').
Appréciateur au Mont-de-Piété.
Aubergiste.
Balais (Marchand expéditeur de).
Baleines (Marchand de brins de).
Bas et Bonneterie (Marchand de) en détail.
Billards (Fabricant de) ayant magasin.
Billard (Maître de).
Blondes (Marchand de) en détail.
Bois de teinture (Marchand de) en détail.
Boisselier (Marchand) en gros.
Bottier ou cordonnier (M^d). Celui qui tient M^{in} de chaussures.
Boucher (Marchand).
Boules à teintures (Fabricant de).
Brodeur sur étoffes, en or et en argent.
Broderies (Fabricant et marchand de) en demi-gros.
Bronzes, dorures et argentures sur métaux (M^d de) en détail.
Cafetier.
Caoutchouc, gutta-percha et autres matières semblables (Fab^t ou M^d d'objets confectionnés ou d'étoffes garnies en).
Cartier (Fabricant de cartes à jouer).
Cercles et sociétés littéraires (Entrepreneur d'établissements pour les) ; celui qui fournit aux cercles le local chauffé et éclairé, ainsi que les journaux, revues, brochures et le mobilier de toute espèce qui leur est nécessaire.

Chapeaux de feutre, de soie ou de paille (Fabricant de).
Charcutier.
Charpentier (Entrepreneur-fournisseur).
Chasublier (Marchand).
Chaudières en cuivre (Fabricant de).
Chaussons de lisière (Marchand de) en gros.
Chevaux (Marchand de).
Cire à cacheter (Fabricant de).
Cirier (Marchand).
Cochons (Marchand de).
Commissionnaire au Mont-de-Piété.
Cordier (Fabricant de câbles et cordages pour la marine ou la navigation intérieure).
Corroyeur (Marchand).
Coton filé (Marchand de) en détail.
Cotrets sur bateaux (Marchand de).
Couleurs et vernis (Fabricant et marchand de).
Courses de chevaux (Entrepreneur d'établissement pour les)
Couverts et autres objets en fer battu ou étamé (Fabricant et marchand de) en gros, par procédés ordinaires.
Couvertures de soie, bourre, laine et coton (Marchand de)
Couvreur (Entrepreneur).
Crin frisé (Marchand de).
Cuirs tannés, corroyés, lissés, vernissés, (Md de) en détail
Décors et ornements d'architecture (Marchand de).
Dentelles (Marchand de).
Dentelles (Fabricant de) en détail.
Dorures et argentures sur métaux (Fabricant ou marchand de) en détail.
Dorures pour passementeries (Marchand de).
Eaux minérales naturelles ou factices (Marchand d').
Écorces de bois pour tan (Marchand d').
Encriers perfectionnés (syphoïde, pompe, inoxydable, etc (Fabricant ou marchand d').
Estaminet (Maître d').
Estampeur en or et en argent.
Facteur de denrées et marchandises (ailleurs qu'à Paris
Farines (Marchand de) en gros.
Fécules (Marchand de) en gros.

Fer en barres (Marchand de) en détail, celui qui vend habituellement par quantité inférieure à 500 kilogrammes.

Fer vieux (Marchand de) en gros.

Fils de chanvre ou de lin (Marchand de) en détail.

Fleurets et filoselle (Marchand de) en détail.

Fonte ouvragée (Marchand de).

Fosses mobiles inodores (Entrepreneur de).

Fourreur.

Fromages de pâte grasse (Marchand de) en **gros**.

Fromages secs (Marchand de) en demi-**gros**.

Garde du commerce.

Graines fourragères, oléagineuses et autres (M^d de), en demi-gros; celui qui vend habituellement par sacs ou balles.

Grainetier-fleuriste (Expéditeur).

Grains (Marchand de) en gros.

Grains et farines (Commissionnaire en).

Graveur sur cylindres.

Herboriste expéditeur.

Hongroyeur ou hongrieur.

Horlogerie (Marchand de fournitures d').

Hôtel garni (Maître d').

Houblon (Marchand de) en demi-gros.

Huiles (Marchand d') en détail.

Instruments pour les sciences (Facteur et marchand d'), ayant boutique ou magasin.

Jardin public (Tenant un).

Laine brute ou lavée (Marchand de) en détail.

Laine filée (Marchand de) en détail.

Laineur.

Lait (Marchand de) en gros; celui qui vend aux crémiers, laitiers, cafetiers, etc.

Légumes secs (Marchand de) en gros.

Limonadier non glacier.

Liqueurs (Marchand de) en détail.

Location d'immeubles (Entrepreneur de).

Lustres (Fabricant et marchand de)

Maçonnerie (Entrepreneur de).

Maillechort et autres compositions métalliques (Fabricant ou marchand en gros d'objets en).

Mandataire salarié pour l'administration des faillites.
Manége d'équitation (Tenant un).
Mâts (Constructeur de),
Mécanicien.
Menuisier (Entrepreneur).
Merceries (Marchand de) en détail.
Métaux (Marchand de) (autres que l'or, l'argent, le fer en barres et la fonte) en détail.
Meules de moulins (Fabricant de).
Miel et cire brute (Marchand non expéditeur de).
Moutardier (Marchand) en gros.
Moutons et agneaux (Marchand de).
Mulets et mules (Marchand de)
Nécessaires (Marchand de).
Nougat (Fabricant expéditeur de).
Oranges, citrons (Marchand d') expéditeur.
Orgues d'églises (Facteur d').
Ornemaniste.
Papetier (Marchand) en détail.
Pastels (Marchand de) en détail.
Pâtissier non expéditeur.
Peaussier (Marchand) en détail.
Peaux en vert ou crues (Marchand de)
Peinture (Entrepreneur de) en bâtiments.
Pelleteries et fourrures (Marchand de) en détail.
Pierre artificielle ou factice (Fabricants d'objets en).
Plâtrier et plafonneur, entrepreneur.
Plieur d'étoffes.
Polytypages (Fabricant de).
Pommes à cidre (Marchand de) en gros.
Pommes de pin et d'autres arbres résineux (M⁴ de) en gros.
Pommes de terre (Marchand de) en gros ; celui qui vend habituellement par quantité équivalente à 20 hectolitres et au-dessus.
Pompes à incendie (Fabricant de).
Poterie (Marchand de) en gros
Presseur de poisson de mer.
Presseur de sardines.
Quincaillier en détail.

Receveur de rentes.

Registres (Fabricant de).

Représentant du commerce (celui qui, n'étant pas courtier et n'ayant ni boutique ni magasin, achète ou vend pour le compte des marchands, moyennant une remise proportionnelle au prix des achats ou des ventes).

Restaurateur et traiteur à la carte et à prix fixe.

Rubans pour modes (Marchand de) en détail.

Sabots (Marchand de) en gros.

Sabotier (Fabricant expéditeur).

Safran (Marchand de) en demi-gros.

Sangsues (Marchand de) en demi-gros.

Sécheur de morue.

Serrurier (Entrepreneur).

Serrurier (Mécanicien).

Serrurier en voitures suspendues.

Sondes (Fabricant de grandes).

Suif en branches (Marchand de).

Suif fondu (Marchand de) en détail.

Tapissier (Marchand).

Thé (Marchand de) en détail.

Tôle vernie (Fabricant d'ouvrages en).

Tonneaux, barriques, etc. (Fabrique de), pour expéditions maritimes ou commerciales.

Tourbe (Marchand de) en gros.

Truffes (Marchand de).

Tulles (Marchand de) en détail.

Tuyaux en fil de chanvre, en ciment, etc., pour les pompes à incendie, les arrosements (Fabricant de).

Vaches ou veaux (Marchand de).

Vanneries (Marchand expéditeur de).

Verres à vitres (Marchand de).

Vinaigrier en détail.

Vins (Marchand de) en détail, vendant habituellement, pour être consommés hors de chez lui, des vins au panier ou à la bouteille.

Vins (Voiturier marchand de).

Voiturier marchand de sel.

Volailles truffées (Marchand de).

CINQUIÈME CLASSE.

Accouchement (Chef de maison d').
Acier poli (Fabricant d'objets en), pour son compte.
Affineur de métaux autres que l'or, l'argent et le platine.
Agrafes (Fabricant d') par les procédés ordinaires, pour son
   compte.
Agréeur, dégustateur ou inspecteur des eaux-de-vie.
Albâtre (Fabricant ou marchand d'objets en).
Almanachs ou annuaires (Editeur propriétaire d').
Appareils et ustensiles pour l'éclairage au gaz (Fabricant d').
Apprêteur de chapeaux de paille.
Apprêteur d'étoffes pour les particuliers.
Armurier.
Aubergiste ne logeant qu'à pied ou à cheval.
Bains publics et douches (Entrepreneur de).
Balancier (Marchand).
Bals publics (Entrepreneur de).
Bijoutier (Fabricant) pour son compte, sans magasin.
Bijoux en faux (Marchand de).
Blanchisseur de toiles et fils pour les particuliers.
Blatier avec voiture.
Bois à brûler (Marchand de). — Celui qui, n'ayant ni chan-
   tier ni magasin, ni bateaux, vend par voiture au domicile
   des consommateurs.
Bois à brûler (Marchand de). — Celui qui, n'ayant ni chan-
   tier, ni magasin, ni bateaux, vend par voiture au domicile
   du consommateur le bois tiré directement de la coupe dont
   il n'est pas adjudicataire.
Bois de bateaux (Marchand de).
Bois de boissellerie (Marchand de).
Bois de volige (Marchand de).
Bois feuillard (Marchand de).
Boîtes et bijoux à musique (Fabricant de mécaniques pour
   son compte.
Boîtes de pendules en zinc doré ou bronzé (Fabricant ou
   marchand de).
Boucher à la cheville (celui qui revend la viande achetée par
   quartiers).

Boucleric (Fabricant de), pour son compte.
Bougies (Marchand de).
Boulanger.
Bouteilles de verre (Marchand de).
Boutons de métal, corne, cuir bouilli, etc. (Fabricant de), pour son compte.
Brocanteur en boutique ou magasin.
Broches et canelets pour la filature (Fabricant de), pour son compte.
Broderies (Fabricant et marchand de) en détail.
Bureau de distribution d'imprimés, de cartes de visites, annonces, etc. (Entrepreneur d'un).
Bureau d'indication et de placement (Tenant un).
Cabaretier et M⁴ de bière ou de cidre en détail ayant billard.
Calandreur d'étoffes neuves.
Caractères mobiles en métal (Fabricant de).
Carrossier raccommodeur.
Cartonnage fin (Fabricant et marchand de).
Cercles ou sociétés (Fournisseur des objets de consommation dans les).
Chandelles (Marchand de) en détail.
Chapeaux de paille (Marchand de) en détail.)
Chapellerie en fin.
Chapellerie (Marchand de fournitures pour la).
Charbon de bois (Marchand de) en demi-gros.
Charbon de terre épuré ou non (Marchand de) en demi-gros (celui qui vend habituellement aux détaillants et aux consommateurs par quantité inférieure à 1,000 kilogrammes).
Chasse (Marchand d'ustensiles de).
Chaudronnier (Marchand).
Cheminées dites *économiques* (Fabricant et marchand de).
Chevaux (Loueur de).
Chevaux (Tenant pension de).
Cheveux (Marchand de).
Chiffonnier (Marchand) en demi-gros; celui qui avec ou sans magasin, vend habituellement par quantité de 1,000 à 2,000 kilogrammes.
Chocolat (Marchand de) en détail.
Cloches de toutes dimensions (Marchand de).

Cloutier (Marchand) en détail.
Coffretier-malletier en cuir.
Colle solide ou en poudre pour la clarification des vins et
    liqueurs (Fabricant de).
Colleur d'étoffes.
Cornes brutes (Marchand de).
Coutelier (Marchand en détail).
Crémier-glacier.
Crics (Fabricant et marchand de).
Crin frisé (Apprêteur de).
Cristaux (Marchand de) en détail.
Culottier en peau (Marchand).
Curiosité (Marchand en boutique d'objets de).
Cylindres pour filature (Tourneur et couvreur de).
Décatisseur.
Déchireur ou dépeceur de bateaux.
Dents et râteliers artificiels (Fabricant ou marchand de).
Dés à coudre en métal autre que l'or et l'argent (Fabricant
    de), pour son compte.
Distillateur d'essences et eaux parfumées et médicinales.
Eaux-de-vie (Marchand d') en détail.
Ebéniste (Marchand) ayant boutique ou magasin.
Eclairage à l'huile pour le compte des particuliers (Entre-
    preneur d').
Emplacement pour dépôt de marchandises (Exploitant un).
Eperronnier, pour son compte.
Epicier en détail.
Eponges (Marchand d') en détail.
Equipage (Maître d').
E tain (Fabricant de feuilles d').
Etriers (Fabricant d'), pour son compte.
Etrilles (Fabricant d'), pour son compte.
Ferblantier-Lampiste.
Ferronnier.
Fleurs artificielles (Fabricant et marchand de).
Fondeur en fer, en bronze ou en cuivre (avec des creusets
    ordinaires).
Forges (Fabricant de), pour son compte.
Forgeron de petites pièces (canons, platines).

Fourrages (M^d de), par bateaux, charrettes ou voitures.
Frangier (Marchand).
Galonnier (Marchand).
Gantier (Marchand).
Glaces (Marchand de) (Miroitier).
Glacier.
Gymnase (Maître de).
Instruments de chirurgie en métal (Fab^t et marchand d').
Ivoire (Marchand d'objets en).
Jaugeur juré pour les liquides.
Jeu de paume (Maître de).
Joaillier (Fabricant), pour son compte.
Lampiste.
Lapidaire en pierres fausses (Fabricant ou marchand), ayant
    boutique ou magasin.
Laveur de laines.
Layetier-emballeur.
Libraire.
Liége brut (Marchand de en détail).
Loueur de voitures suspendues.
Lunetier (Marchand).
Lutherie (Marchand de fournitures de).
Luthier (Fabricant), pour son compte.
Magasinier.
Maréchal expert.
Maroquinier, pour son compte.
Marrons et châtaignes (Marchand expéditeur de).
Mégissier pour son compte.
Menuisier-mécanicien.
Métiers à bas (Forgeur de), pour son compte.
Meubles (Marchand de).
Meules à aiguiser (Fabricant et marchand de).
Meules de moulin (Marchand de).
Mine de plomb (Marchand de), en détail.
Minerai de fer (Marchand de), ayant magasin.
Miroitier.
Modiste.
Monteur d'agrès et de manœuvres de navires.
Monteur de boîtes de montres, pour son compte.

Monuments funèbres (Entrepreneur de).
Moulures (Fabricant de), pour son compte.
Moulures (Marchand de), en boutique.
Musique (Marchand de).
Nacre de perles (Fabricant d'objets en), pour son compte.
Nacre de perles (Marchand d'objets en).
Natation (Tenant une école de).
Orfèvre (Fabricant), pour son compte.
Orgues portatives (Facteur d'), pour son compte.
Osier (Marchand d') vendant par voiture ou par bateau.
Papier peint pour tentures (Marchand de).
Papier ou taffetas préparés pour usages médicinaux (Marchand de).
Parc aux charrettes (Tenant un).
Parfumeur (Marchand) en détail.
Passementier (Marchand).
Pavés (Marchand de).
Peignes de soie (Marchand de).
Peintre-vernisseur en voitures ou équipages.
Perles fausses (Marchand de).
Pierres brutes (Marchand de).
Pierres lithographiques (Marchand de).
Planches (Marchand de) en détail.
Plombier.
Plumassier (Fabricant et marchand).
Plumes à écrire (Marchand de) non-expéditeur.
Poisson frais (Marchand de) expéditeur ou vendant par fortes parties aux détaillants.
Pompes de métal (Fabricant de).
Porcelaines (Marchand de) en détail.
Poudrette (Marchand de).
Relais (Entrep' de) même lorsqu'il est maître de poste.
Résines et autres matières analogues (M^d de) en détail.
Restaurateur et traiteur à prix fixe seulement.
Rogues ou œufs de morue (Marchand de) en détail.
Rôtisseur.
Rouge végétal (Marchand de) en détail.
Saleur d'olives.
Sang (Marchand de).

Savon (Marchand de) en détail.
Seaux à incendie Fabricant de).
Sellier-harnacheur.
Serrurier non entrepreneur.
Soies de porc ou de sanglier (Marchand de) en détail.
Soufflets (Fabricant et marchand de gros) pour les forge-
    rons, bouchers, etc.
Soufre (Marchand de) en détail.
Sparterie pour modes (Fabricant de).
Sucre brut et raffiné (Marchand de) en détail
Tableaux (Marchand de).
Taffetas gommés ou cirés (Marchand de).
Tail'andier.
Tailleur (Marchand d'habits neufs).
Tailleur (Marchand) sans magasin d'étoffes, fournissant sur
    échantillons.
Tapis peints ou vernis (Marchand de).
Tir au pistolet (Maître de)
Toiles cirées et vernies (Marchand de).
Toiles métalliques (Fabricant de) pour son compte.
Tôle vernie (Marchand d'ouvrages en).
Traçons (Maître de).
Tricots à l'aiguille (Fabricant ou marchand de).
Ustensiles de chasse et de pêche (Marchand d').
Vannier-emballeur pour les vins.
Verres blancs et cristaux (Marchand de) en détail.
Vidange (Entrepreneur de).
Vins (Marchand de) en détail, donnant à boire chez lui et
    tenant billard.
Voilier-emballeur.
Voiturier ou roulier (ayant plusieurs équipages).

SIXIÈME CLASSE

Abeilles (Marchand d').
Affiches (Entrepreneur de la pose et de la conservation de).
Agaric (Marchand d')
Agent dramatique.
Aiguilles, clefs et autres petits objets pour montres ou pen-
    dules (Fabricant d') pour son compte.

Allumettes chimiques (Fabricant et marchand d)

Amidon (Marchand d') en détail.

Anatomie (Fabricant de pièces d').

Anatomie (Tenant un cabinet d').

Anes (Marchand d'),

Annonces et avis divers (Entrepreneur d'insertions d').

Appréciateur d'objets d'art.

Apprêteur de peaux.

Apprêteur de plumes, laines, duvet et autres objets de literie.

Ardoises (Marchand d'). Celui qui vend par millier aux maçons et aux entrepreneurs de bâtiments.

Arrimeur.

Arrosage (Entreprise particulière d').

Artificier.

Assortisseur (Marchand de petits coupons d'étoffes).

Baies de genièvre (Marchand de).

Bains de rivières en pleine eau, bains de mer ou à la lame (Entrepreneur de).

Balancier (Fabricant) pour son compte.

Balançons (Marchand de).

Balayage (Entreprise partielle de).

Bandagiste.

Bardeaux (Marchand de).

Baromètres (Fabricant ou marchand de).

Barques, bateaux ou canaux (Constructeur de).

Bateaux à laver (Exploitant de).

Batteur d'or et d'argent.

Baudruche (Apprêteur de).

Beurre frais ou salé (Marchand de) en détail.

Biberons (Fabricant de) pour son compte.

Bière ou cidre (Marchand de) en détail.

Bijoutier en faux (Fabricant) pour son compte.

Billards (Fabricant de) sans magasin.

Bisette (Fabricant et marchand de).

Blanc de craie (Fabricant et marchand de)

Blanchisseur de linge, ayant un établissement de buanderie.

Blatier avec bêtes de somme.

Bluteaux ou blutoirs (Fabricant et marchand de).

Bois merrains (Marchand de) s'il ne vend qu'aux tonneliers et aux particuliers.
Boiseries (Marchand de vieilles).
Boisselier (Marchand) en détail.
Bombagiste.
Bombeur de verres.
Bosselier.
Bottier ou cordonnier travaillant sur commande.
Boucher en petit bétail (ne vendant que veau, mouton, agneau, chevreau).
Bouchonnier.
Bouchons (Marchand de) en détail.
Boues (Entreprise partielle de l'enlèvement des)·
Bouilleur ou brûleur d'eau-de-vie.
Bouillon et bœuf cuit (Marchand de).
Bourre de soie (Marchand de).
Bourrelier.
Boyaudier.
Brasseur à façon.
Bretelles et jarretières (Fabricant de) pour son compte.
Bretelles et jarretières (Marchand de).
Briou (Fabricant de).
Briques (Marchand de).
Briquets phosphoriques et autres (Fabricant de
Brocanteur d'habits en boutique.
Brossier (Fabricant) pour son compte.
Brossier (Marchand).
Buffletier (Marchand).
Buis ou racines de buis (Marchand de).
Bustes et figures en plâtre ou en terre (Mouleur ou marchand de).
Cabaretier.
Cabinet de lecture (Tenant un), où l'on donne à lire les journaux et les nouveautés littéraires.
Cabinets d'aisances publics (Tenant).
Cadrans de montres et de pendules (Ft de) pour son compte.
Cadres pour glaces et tableanx (Marchand de).
Café naturel et café de chicorée en poudre (Marchand de).
Cafetières, bouillottes. marabouts (Fabt ou marchand de).

Caisses de tambour (Facteur de).

Calfat (Radoubeur de navires).

Cannelles et robinets en cuivre (Fab¹ de) pour son compte.

Cannes (Marchand de) en boutique.

Cantinier, dans les prisons, hospices et autres établ⁵ publics.

Caparaçonnier, pour son compte.

Capsules métalliques (Fab¹ de) pour boucher les bouteilles.

Cardes (F¹ de) par les procédés ordinaires, pour son compte.

Carreaux à carreler (Marchand de).

Carrés de montres (Fabricant de) pour son compte.

Cartes de géographie (Marchand de).

Cartes à jouer (Marchand de).

Cartons pour bureaux et autres (Fab¹ de) pour son compte.

Carton en feuilles (Fabricant de) pour son compte.

Carton en pâte ou en feuilles (Marchand de).

Casquettes, toques, bonnets carrés et autres (Fabricant ou marchand de).

Cendres (Laveur de).

Cercles ou cerceaux (Marchand de).

Chaînes de fil, laine ou coton, préparées pour la fabrication des tissus (Marchand de).

Chaises fines (Marchand et fabricant de).

Chamoiseur, pour son compte.

Chandeliers en fer et en cuivre (Fab¹ de) pour son compte.

Chanvre (Marchand de) en détail.

Chapelier en grosse chapellerie.

Charcutier revendeur.

Chargement et déchargement des navires, des bateaux et des voitures de chemins de fer (Entrepreneur du).

Charpentier.

Charrée, cendres noires et autres amendements analogues (Marchand de).

Charron.

Châsses de lunettes (Fabricant de) pour son compte.

Chaussons autres qu'en lisière (Fabricant de).

Chaux (Marchand de).

Chef de ponts et pertuis.

Chocolat (Fabricant de) n'employant ni machine à vapeur, ni ouvriers.

Cimentier (Marchand).
Ciseleur.
Clinquant (Fabricant de) pour son compte.
Cloches (Fondeur de) sans boutique ni magasin.
Clochettes (Fondeur de).
Coffretier-malletier en bois.
Coiffeur.
Cols, collets et rabats (Fabricant de) pour son compte.
Cols, collets et rabats (Marchand de).
Combustibles (Marchand de) en boutique.
Commissionnaires porteurs pour les fabricants de tissus.
Commissionnaire accrédité près la douane.
Coquetier avec voiture.
Cordes harmoniques (Fabricant de) pour son compte.
Cordes métalliques (Fabricant de) pour son compte.
Cordier (Marchand).
Corne (Apprêteur de) pour son compte.
Corne (Fabᵗ de feuilles transparentes de) pour son compte.
Corsets (Fabricant et marchand de).
Cosmorama (Directeur de).
Costumier.
Coupeur de poils (Marchand) pour son compte.
Courtier-gourmet-piqueur de vins.
Courtier, en soie.
Courtier en essences.
Couturière (Marchande).
Couverts et autres objets en fer battu ou étamé (Fabricant et
    marchand de) en détail.
Couvreur (Maître).
Crayons (Marchand de).
Crépins (Marchand de).
Crinières (Fabricant de) pour son compte.
Crins plats (Marchand de).
Cuir bouilli et verni (Fabricant ou marchand d'objets en).
Cuirs et pierres à rasoirs (Fabricant et marchand de).
Cuivre de navires (Marchand de vieux).
Dalles (Marchand de).
Damasquineur.
Découpoirs (Fabricant de) pour son compte.

Déménagements (Entrepreneur de) s'il a une seule voiture.
Dentelles (Facteur de).
Dépeceur de voitures.
Dessinateur pour fabrique.
Dessinateur de parcs et jardins.
Diamants pour vitriers et miroitiers (Monteur de) pour son compte.
Doreur, argenteur et applicateur d'autres métaux que l'or et l'argent.
Doreur sur bois.
Drainage (Entrepreneur de).
Drèche ou marc de l'orge qui a servi à faire la bière (Mᵈ de).
Ebéniste (Fabricant) pour son compte, sans magasin.
Ecrans (Fabricant d') pour son compte.
Emailleur pour son compte.
Emballeur non layetier.
Encre à écrire (Fabricant et marchand d') en détail.
Enduit contre l'oxydation (Applicateur d').
Enjoliveur (Marchand).
Enlaceur de cartons.
Epingles (Fabricant d') par les procédés ordinaires.
Essayeur de soie.
Estampes et gravures (Marchand d').
Etameur de glaces.
Éventailliste (Mᵈ fabricant) ayant boutique ou magasin.
Facteur de fabrique.
Fagots et bourrées (Marchand de) vendant par voiture.
Faïence (Marchand de).
Farines (Marchand de) en détail.
Fécules (Marchand de) en détail.
Ferblantier.
Feuilles de cuivre imitant l'or battu (Marchand de).
Feutre (Fabricant et marchand de) pour la papeterie, le doublage des navires, plateaux vernis, etc.
Filagraniste.
Filasse de nerfs (Fabricant de) pour son compte.
Filets pour la pêche, la chasse, etc. (Fabricant de).
Fileur (Entrepreneur).
Filotier.

Fleurs artificielles (Marchand d'apprêts et papiers pour).
Fleurs d'oranger (Marchand de).
Fondeur d'étain, de plomb ou fonte de chasse.
Fontaines à filtrer (Fabricant et marchand de).
Force motrice (Loueur de).
Forgeron (celui qui fait ou répare les instruments et outils
    aratoires).
Formaire (pour la fabrication du papier) pour son compte.
Fouleur de bas et autres articles de bonneterie.
Fouleur de feutre pour les chapeliers.
Fourbisseur (Marchand).
Fournaliste.
Fourneaux potagers (Fabricant et marchand de).
Fourrage (Déb¹ de) à la botte ou en petite partie au poids.
Fripier.
Fromages de pâte grasse (Marchand de) en détail.
Fromages secs (Marchand de) en détail.
Fruitier oranger.
Fruit secs (Marchand de) en détail.
Fruits secs pour boisson (Marchand de).
Fumiste.
Garde-robes inodores (Fabricant et marchand de).
Gibernes (Fabricant de) pour son compte.
Glace ; eau congelée (Marchand de).
Globes terrestres et célestes (Fabricant et marchand de).
Gommeur d'étoffes.
Graine de moutarde blanche (Marchand de).
Grains et graines (Marchand de) en détail.
Graine de vers à soie (Marchand de).
Grainetier-Fleuriste en détail.
Graveur sur métaux (F¹ les timbres secs et gravant sur bijoux).
Grue (Maître de).
Harpes (Facteur de) n'ayant ni boutique ni magasin.
Herboriste-droguiste.
Histoire naturelle (Marchand d'objets d').
Horloger-rhabilleur (Marchand).
Horlogerie (Fabricant de pièces d') pour son compte.
Huitres (Marchand d').
Images (Fabricant ou marchand d').

Imprimeur-lithographe, éditeur.
Infirmerie d'animaux (Tenant une).
Instruments aratoires (Fabricant d').
Instruments de chirurgie en gomme élastique (Fabricant d').
Instruments de musique à vent, en bois ou en cuivre (Facteur d').
Instruments de musique en cuivre (Facteur de pièces d') pour son compte.
Instruments pour les sciences (Facteur d') sans boutique ni magasin.
Ivoire (Fabricant d'objets en) pour son compte.
Jais ou jaïet (Fabricant ou marchand d'objets en).
Jeux et amusements publics, tels que jeux de quilles ou de mail, manège à chevaux de bois, billard anglais, etc, (Maître de).
Kaolin, pétunzé, manganèse (Marchand de).
Lamineur par les procédés ordinaires.
Lanternier.
Lattes (Marchand de) en détail.
Lavoir public (Tenant un).
Layetier.
Levure ou levain (Marchand de).
Lin (Marchand de) en détail.
Lin ou chanvre (Fabricant de).
Linge de table et de ménage (Loueur de).
Linger.
Liseur de dessins.
Lithochrome, imprimeur.
Lithochromies (Marchand de).
Lithographies (Marchand de).
Lithophanies pour stores (Fabricant et marchand de).
Loueur de tableaux et dessins.
Loueur en garni.
Lunetier (Fabricant).
Lustreur de fourrures.
Maçon (Maître).
Maillechort et autres compositions métalliques (Marchand d'objets en) en détail.
Maison particulière de retraite (Tenant une).

Marbre factice (Fabricant et marchand d'objets en).
Marbrier.
Maréchal ferrant.
Masques (Fabricant et marchand de).
Matériaux (Marchand de vieux).
Menuisier.
Mercerie (Marchand de menue).
Metteur en œuvre pour son compte.
Meubles et outils d'occasion (Marchand de).
Moireur d'étoffe pour son compte.
Monteur de métiers.
Mosaïques (Marchand de).
Mulquinier.
Naturaliste (Marchand).
Nécessaires (Fabricant de) pour son compte.
Nourrisseur de vaches et de chèvres pour le commerce au lait.
Oranges et citrons (Marchand d') en boutique et en détail.
Os (Fabricant d'objets en) pour son compte.
Outres (Fabricant d') pour son compte.
Outres (Marchand d').
Paille (Ft de tissus pour les chapeaux de) pour son compte.
Paillettes et paillons (Fabricant de) pour son compte.
Pain à cacheter et à chanter (Fabricant et marchand de).
Pain d'épices (Fabricant ou marchand en boutique de).
Pantoufles (Marchand de).
Papiers de fantaisie, papiers déchiquetés, papier végétal (Fabricant et marchand de).
Papiers pour emballage et pour sacs (Marchand de).
Parapluies (Fabricant et marchand de).
Parcheminier pour son compte.
Parqueteur (Menuisier).
Pâtes alimentaires (Marchand de).
Paveur.
Peaux de lièvres et de lapins (Marchand de) en boutique.
Peignes à sérancer (Fabricant de) pour son compte.
Peignes d'écaille, d'ivoire, de corne, de buis, etc. (Fabricant de) pour son compte.
Peignes (Marchand de) en boutique.
Peintre en bâtiments non entrepreneur.

Pension bourgeoise (Tenant).
Pension particulière de vieillards (Tenant).
Perles fausses (Fabricant de) pour son compte.
Peseur et mesureur juré.
Photographe.
Pianos et clavecins (Fac[r] de) n'ayant ni boutique ni magasin.
Pianos (Loueur de).
Pierres à brunir (Fabricant et marchand de).
Pierres bleues (M[d] de) pour le blanchissage du linge.
Pierres fausses (Fabricant de).
Pierres taillées (Marchand de).
Pinceaux (Fabricant de) pour son compte.
Pipes assorties (Marchand de)
Piqueur de cartons.
Plafonneur et plâtrier.
Plants, arbres ou arbustes (Marchand de).
Plâtre (Marchand de).
Plomb de chasse (Fabricant ou marchand de).
Plumes métalliques (Marchand fabricant de).
Potlier en faïence, fonte, etc.
Polisseur d'objets en or, argent, cuivre, acier, écaille, os,
  corne, etc.
Ponton-débarcadère (Exploitant de).
Porces pour les papetiers (Fabricant de).
Portefeuilles (Fabricant de) pour son compte.
Portefeuilles (Marchand de).
Potier d'étain.
Poudre d'or, de bronze et autres métaux (Fab[t] et M[d] de).
Poulieur (Fabricant).
Queues de billard (Fabricant de) pour son compte.
Ramonage (Entrepreneur de).
Rampiste.
Ressorts de bandages p[r] les hernies (Fab[t] de) pour son compte.
Ressorts de montres et de pendules (Fab[t] de) pour son compte.
Sabots garnis (Fabricant ou marchand de).
Sacs de toile (Fabricant et marchand de).
Salpêtrier.
Sarraux ou blouses (Marchand de) en détail.
Sculpteur en bois, pour son compte.

Sécheur de garance.
Sécheur de houblon.
Son, recoupe et remoulage (Marchand de).
Sparterie (Fabricant et marchand d'objets en).
Sphéres (Fabricant de).
Stucateur.
Sumac (Marchand de).
Tabac (M⁴ de) en détail, dans le département de la Corse.
Table d'hôte (Tenant une).
Tabletier (Marchand).
Tablet'erie (Fabricant d'objets en) pour son compte.
Tambours, grosses caisses, tambourins (Fabricant de).
Tamisier (Fabricant et marchand).
Tan (Marchand de).
Tapissier à façon.
Tartrier.
Teinturier pour les particuliers.
Terrassier (Maître).
Tireur d'or et d'argent.
Tissus grossiers et communs (M⁴ de) sans assortiment.
Tôlier.
Tonnelier (Maître).
Tourneur sur métaux.
Tourneur en marbre ou en pierre.
Tours et autres ouvrages pour la coiffure, en cheveux, soie,
    etc. (Fabricant ou marchand de)
Tourteaux (Marchand de) en détail.
Tréfileur par les procédés ordinaires.
Troupes de passage (Entrepreneur du logement des).
Tuiles (Marchand de).
Vannerie (Marchand de) en détail.
Vannier (Fabricant en vannerie fine).
Vérificateur de bâtiments.
Vernisseur sur cuir, feutre, carton et métaux.
Verres bombés (Marchand de).
Verroterie et gobeleterie (Marchand de) en détail.
Vignettes et caractères à jour (Fab¹ de) pour son compte.
Vignettes et caractères à jour (Marchand en boutique de).

Vins (Marchand de) en détail, donnant à boire chez lui, et ne tenant pas billard.
Vis (Fab^t de) par procédés ordinaires, pour son compte.
Vitraux (Faiseur ou ajusteur de) pour son compte.
Vitrier en boutique.
Voilier à façon.
Volaille ou gibier (Marchand de).
Yeux artificiels (Fabricant d').

SEPTIÈME CLASSE.

Accordeur de pianos, harpes et autres instruments.
Acheveur en métaux.
Acier poli (Fabricant d'objets en) à façon.
Alambic (Loueur d').
Alevin (Marchand d')
Alléges (Maître d').
Anes (Loueur d').
Apprêteur de barbes ou fanons de baleine.
Apprêteur de bas et autres objets de bonneterie.
Archets (Fabricant d')
Arçons (Fabricant ou ferreur d').
Armurier rhabilleur.
Armurier à façon.
Arpenteur.
Attelles pour colliers de bêtes de trait (F^t et marchand d').
Avironnier.
Badigeonneur.
Balancier (Fabricant) à façon.
Ballons pour lampes (Fabricant de) pour son compte.
Bandagiste à façon.
Bardeaux (Fabricant de) pour son compte.
Bâtier.
Battoirs de paume (Fabricant de).
Baugeur.
Biberons (Fabricant de) à façon.
Bijoutier à façon.
Bijoutier en faux (Fabricant) à façon.
Bimbeloterie (Fab^t d'objets de) sans boutique ni magasin.

Bimbelotier (Marchand) en détail.
Blanchisseur de chapeaux de paille.
Blanchisseur de fin.
Blanchisseur sur pré.
Boisselier.
Boîtes et bijoux à musique (F^t de mécaniques pour) à façon
Bonbons et confiseries (Revendeur de).
Bottes remontées (Marchand de).
Boules vulnéraires, dites *d'acier* ou de *Nancy* (Fab^t de).
Bouquetière (Marchande) en boutique.
Bouquiniste.
Bourrelets d'enfants (Fabricant et marchand de).
Bourses, gants, mitaines, réseaux et autres ouvrages à mailles
    (Fabricant de).
Boutons de soie (Fabricant de) pour son compte.
Briquets phosphoriques et autres (Marchand de).
Brocanteur dans les ventes (sans boutique ni magasin).
Broches pour la filature (Rechargeur de).
Broderies (Blanchisseur et apprêteur de).
Broderies (Dessinateur-imprimeur de).
Broderies (Fabricant de) à façon.
Bronze (Metteur en).
Brunisseur.
Buanderie (Loueur d'établissement de).
Buffletier (Fabricant) pour son compte.
Bustes en cire pour les coiffeurs (Fabricant de).
Cabinet de figures en cire (Tenant un).
Cabinet de lecture où l'on donne à lire les journaux seule-
    ment (Tenant un).
Cabinet particulier de tableaux, d'objets d'histoire naturelle
    ou d'antiquités (Tenant un).
Cabriolets (Maître de station de).
Calandreur de vieilles étoffes ou de chapeaux de paille.
Cambreur de tiges de bottes.
Camées faux ou moulés (Fabricant de).
Canelles et robinets en cuivre (Fabricant de) à façon.
Cannes (Fabricant de) pour son compte.
Cannetille (Fabricant de).
Caractères d'imprimerie (Fondeur de) à façon.

Caractères d'imprimerie (Graveur en).

Caractères mobiles en bois ou en terre cuite (Fabricant et marchand de).

Carcasses ou montures de parapluies (Fabricant de) pour son compte.

Cardeur de laine, de coton, de bourre de soie, filoselle, etc.

Carreleur.

Carrioles (Loueur de).

Cartons en feuilles (Fabricant de) à façon.

Ceinturonnier, pour son compte.

Cendres ordinaires (Marchand de).

Chapelets (Fabricant et marchand de).

Chapelier à façon.

Charbonnier-cuiseur.

Charnières en fer, cuivre ou fer-blanc (Fabricant de) par les procédés ordinaires pour son compte.

Charpentier à façon (travaillant à la journée pour des maîtres ou pour des particuliers qui lui fournissent la matière).

Charron à façon (travaillant à la journée pour des maîtres ou pour des particuliers qui lui fournissent la matière).

Chasublier à façon.

Chaudronnier-rhabilleur.

Chaussons en lisière et autres (Marchand de).

Chenille en soie (Fabricant de) pour sou compte.

Chevaux (Courtier de).

Chèvres et chevreaux (Marchand de).

Chiffonnier en détail ; celui qui, avec ou sans magasin, vend habituellement par quantités inférieures à 1,000 kil.

Chineur.

Cirage ou encaustique (Marchand ou fabricant de), n'employant ni ouvrier ni machine à vapeur.

Cloutier au marteau, pour son compte.

Coiffes de femmes (Faiseuse et marchande de).

Colle de pâte, de peau, de graisse, de gélatine (Fabricant ou marchand de).

Colleur de chaînes pour fabrication de tissus.

Colliers de chiens (Fabricant et marchand de).

Confiseur en chambre.

Coquetier avec bêtes de somme.

Cordes harmoniques (Fabricant de) à façon.
Cordes métalliques (Fabricant de) à façon.
Cordier (Fabricant de menus cordages, tels que cordes, ficelles, longes, traits, etc).
Cordons, lacets, tresses, ganses, en fil, soie, laine, coton, etc. (Fabricant de) pour son compte.
Corroyeur à façon.
Cosmétiques (Marchand de).
Coton cardé ou gommé (Marchand de).
Coupeur de poils à façon.
Courroies (Apprêteur de) pour son compte.
Courtier de bestiaux.
Courtier de mouture.
Courtier en grains.
Coutelier à façon.
Couturière en corsets, en robes ou en linge.
Couvreur en paille ou en chaume.
Couvreur à façon.
Crèmier ou laitier.
Crépin en buis (Fabricant d'articles de) pour son compte.
Criblier.
Cristaux (Tailleur de).
Crochets pour les fabriques d'étoffes (F¹ de) pour son compte.
Cuivre vieux (Marchand de).
Déchets de soie, laine, coton, débris de cocons (M⁴ de).
Découpeur en marqueterie.
Décrueur de fil.
Dégraisseur.
Denteleur de scies.
Dentiste, non pourvu du diplôme de docteur en médecine, de chirurgien ou d'officier de santé.
Dépolisseur de verres.
Diamants pour vitriers et miroitiers (Monteur de) à façon.
Doreur sur tranches, sur cuir, sur papier.
Drogues (Pileur de).
Ebéniste (Fabricant) à façon.
Ecailles d'ables ou ablettes (Marchand d').
Échalas (Marchand d').
Echelles, fourches, râteaux et râteliers (F¹ et marchand d').

Écorcheur ou écarrisseur d'animaux.

Écritures (Entrepreneur d').

Émailleur à façon.

Embouchoirs (Faiseur d').

Enjoliveur (Fabricant, pour son compte).

Éperonnier à façon.

Épicier-regrattier. S'il ne vend qu'au petit poids et à la petite mesure quelques articles d'épiceries, et joint à ce
  commerce la vente de quelques autres objets, comme
  poterie de terre, charbon en détail, bois à la falourde, etc.

Épinglier-grillageur.

Équarrisseur de bois.

Équipeur-monteur.

Escargots (Marchand d').

Essence d'Orient (Fabricant d').

Estampeur ou repousseur en métaux autres que l'or et l'argent.

Étoffes (Crêpeur d') (celui qui, après le tissage, crêpe les
  étoffes pour en faire ressortir le duvet).

Étriers (Fabricant d') à façon.

Étrilles (Fabricant d') à façon.

Évantailliste (Fabricant) pour son compte.

Expert pour le partage et l'estimation des propriétés.

Expert visiteur de navires.

Fendeur de brins de baleine ou de jonc.

Fendeur en bois.

Ferblantier en chambre.

Ferrailleur.

Finisseur en horlogerie.

Fleuriste travaillant pour le compte des marchands.

Fontaines en grès, à sable (Marchand de).

Forces (Fabricant de) à façon.

Forets (Fabricant de).

Forgeron de petites pièces, à façon.

Formier.

Fouets, cravaches (Fab' ou marchand de) pour son compte.

Fournier ou cuiseur.

Fourreaux pour sabres, épées, baïonnettes (Fabricant de)
  pour son compte.

Fourreur à façon.

Frangier (Fabricant) pour son compte.
Fretin (Marchand de).
Friseur de draps et autres étoffes de laine.
Friteur ou friturier en boutique
Fruitier.
Gabare (Maître de) ou gabarier.
Gainier (Fabricant pour son compte
Galettes, gaufres, brioches et gâteaux (M^d de) en boutique.
Galochier.
Galonnier (Fabricant) pour son compte.
Gantier dresseur.
Gantier à façon.
Gargotier.
Gauffreur d'étoffes, de rubans, etc
Gaules et perches (Marchand de).
Graines fourragères, oléagineuses et autres (M^d de) en détail.
Grainier ou grainetier.
Gravatier.
Graveur en caractères d'imprimerie.
Graveur sur métaux. Se bornant à graver des cachets ou
    des planches pour factures et autres objets dits *de ville*.
Grueur.
Guêtrier.
Guillocheur.
Guimpier.
Hameçons (Fabricant d').
Herboriste. Ne vendant que des plantes médicinales ,
    fraîches ou sèches.
Hongreur.
Horloger-repasseur.
Horloger-rhabilleur, non marchand.
Horlogerie (Fabricant de pièces d') à façon.
Horloges en bois (Fabricant ou marchand d').
Imprimeurs en taille-douce pour objets dits *de ville*.
Imprimeur-lithographe, non éditeur.
Imprimeur sur porcelaine, faïence, verre, cristaux, émail, etc.
Instruments de musique en cuivre (Fact^r de pièces d') à façon.
Ivoire (Fabricant d'objets en) à façon.
Joaillier à façon.

Lait d'Ânesse (Marchand de).
Lamier-rotier, pour son compte.
Lapidaire à façon.
Layettes d'enfant (Marchand de).
Légumes secs (Marchand de) en détail.
Librairie (Agent de).
Lie de vin (Marchand de).
Linge (Marchand de vieux).
Liqueurs et eaux-de-vie (Débitant de).
Logeur.
Logeur de chevaux et autres bêtes de somme.
Loueur de livres.
Loueur de bêtes de trait pour le halage et pour le renfort
  aux voituriers sur les routes de terre.
Lunettes (Fabricant de verres de)
Luthier (Fabricant) à façon.
Maçon à façon.
Marbreur sur tranches.
Marchande à la toilette.
Maroquinier à façon.
Mécanicien à façon, travaillant pour des maîtres ou pour des
particuliers qui lui fournissent la matière.
Mégissier à façon.
Menuisier à façon, travaillant pour des maîtres ou pour des
  particuliers qui lui fournissent la matière.
Mesures linéaires, règles et équerres (F¹ de) pour son compte.
Métiers à bas (Forgeur de) à façon.
Métreur de bâtiments, de bois, de pierres.
Metteur en œuvre à façon.
Monteur en bronze.
Monteur de boîtes de montres à façon.
Moulures (Fabricant de) à façon.
Moutardier (Marchand) en détail.
Muletier.
Nacre de perles (Fabricant d'objets en) à façon.
Naturaliste préparateur à façon.
Navetier (Fabricant).
Noir de fumée et noir animal (Marchand de).
Oignons (Cuiseur ou grilleur d').

Oiseller.
Orfèvre à façon.
Orgues portatives (Facteur d') à façon.
Ouate (Fabricant et marchand de).
Outils, instruments et harnais à l'usage des ouvriers tisseurs (Marchand d').
Outres (Fabricant d') à façon.
Ovaliste.
Paille (Fabricant de tissus pour chapeaux de) à façon.
Paille (Fabricant de tresses, cordonnets, etc., en).
Paille teinte (Fabricant et marchand de).
Paille coupée pour chaises (Marchand de).
Pain (Marchand de) en boutique.
Pantoufles (Fabricant de), pour son compte.
Papiers de fantaisie, papiers déchiquetés, papier végétal (Fabricant de) à façon.
Papiers imprimés et vieux papiers (Marchand de).
Passementier (Fabricant) pour son compte, lorsqu'il fabrique des articles dont la confection n'exige point l'emploi de métiers.

> Le passementier qui emploie des métiers est imposable, en raison de leur nombre, sur le même pied que les fabricants à métiers. — Le passementier qui s'occupent des deux espèces de fabrication est imposable comme le patentable qui a plusieurs établissements.

Pastilleur, celui qui fait en pâte sucrée de petites figures, des fleurs et autres objets.
Patachier.
Pâtissier-brioleur.
Pédicure.
Peigneur de chanvre, de lin ou de laine.
Peigneur ou gratteur de toile de coton.
Peintre en armoiries, attributs et décors.
Peintre ou doreur, soit sur verre ou cristal, soit sur porcelaine, etc., pour son compte.
Perruquier.
Pierre de touche (Marchand de).
Piquonnier.
Plafonneur et plâtrier à façon.
Planches ou ifs à bouteilles (Fabricant de).

Planeur en métaux
Plaqueur.
Plumeaux (Fabricant de), pour son compte.
Poisson (Marchand en détail de).
Pompes de bois et pièces pour la conduite des eaux (Fab' de)
Poterie de terre (Marchand de).
Presseur d'étoffes pour les teinturiers et les dégraisseurs.
Présuriers.
Queues de billard (Fabricant de) à façon.
Raquettes ou volants (Fabricants de), pour son compte.
Raseur de velours.
Registres (Fabricant de) à façon.
Regrattier.
Relieur de livres.
Rentrayeur ou conservateur de tapis, de couvertures de
    laine et de coton.
Repasseuse de linge avec ouvrières ou apprenties.
Ressorts de bandages pour les hernies (Fab' de) à façon.
Ressorts de montres et de pendules (Fabricant de) à façon
Revendeuse à la toilette, pour son compte.
Roseaux (Marchand de).
Roseaux préparés pour le tissage (Marchand de).
Rouettes ou harts pour lier les trains de bois (Marchand de)
Routoir ou fosse à rouir le lin ou le chanvre (Exploitant de)
Ruches pour les abeilles (Fabricant de) pour son compte.
Sangsues (Marchand de) en détail.
Scieur de long.
Sculpteur en bois à façon.
Seaux ou baquets en sapin (Fabricant de) pour son compte
Séchoir à linge (Exploitant un).
Sel (Marchand de) en détail.
Sellier à façon.
Serrurier à façon, travaillant pour des maîtres qui lui four
    nissent la matière.
Sertisseur ou monteur à façon, celui qui monte des pierres
    fines ou fausses.
Socques (Fabricant et marchand de) en bois.
Soufflets ordinaires (Fabricant et marchand de).
Tableaux (Restaurateur de).

Tabletterie (Fabricant d'objets en) à façon.

Tailleur d'habits à façon.

Tailleur de pierres.

Tapisserie à la main (Fabricant de).

Teinturerie (Loueur d'établissement de).

Toiles grasses (Fabricant de) pour emballage.

Toiles métalliques (Fabricant de) à façon.

Tondeur ou presseur de drap et autres étoffes de laine.

Tonneaux (Marchand de).

Tonnelier.

Tonnelier à façon, celui qui ne travaille qu'à la réparation ou à l'entretien chez les marchands et les fabricants, ou chez les particuliers.

Torcher.

Tourneur en bois (Marchand), vendant en boutique divers objets en bois faits au tour.

Treillageur.

Tripier, cuiseur ou échaudeur d'abats, abatis et issues.

Ustensiles de ménage (Marchand de vieux).

Vaisselle et ustensiles de bois (Fabricant et marchand de).

Vernisseur sur cuir, feutre, carton ou métaux à façon.

Vin, bière, cidre (Débitant au petit détail de); celui qui vend au pot et à la bouteille et ne donne pas à boire chez lui.

Vitraux (Faiseur ou ajusteur de), à façon.

HUITIÈME CLASSE.

Accoutreur

Affiloirs (Marchand d').

Agrafes (Fabricant d') par procédés ordinaires, à façon.

Aiguilles, clefs et autres petits objets pour montres et pendules (Fabricant d'), à façon.

Aiguilles (Fabricant d') à coudre ou à faire des bas, par procédés ordinaires, à façon.

Aiguilles pour les métiers à faire des bas (Monteur d').

Allumettes et amadou (Fabricant et marchand d').

Appeaux pour la chasse (Fabricant d').

Apprêteur de chapeaux de feutre.

Approprieur de chapeaux.

Arçonneur.

Artiste en cheveux:
Assembleur ou brocheur.
Balais de bouleau, de bruyère, et de grand millet (Marchand de), avec voiture ou bêtes de somme.
Ballons pour lampes (Fabricant de) à façon.
Barbier.
Bardeaux (Fabricant de) à façon.
Batelier.
Bâtonnier.
Baudelier.
Blanchisseur de linge sans établissement de buanderie.
Blanchisseur de bas de soie.
Bobines pour les manufactures (Fabricant de).
Bois à brûler (Marchand de) ; celui qui vend à la falourde, au fagot et au cottret.
Bois de galoches et de socques (Faiseur de).
Boisselier (Fabricant) à façon.
Bottier ou cordonnier à façon. Celui qui travaille pour des maîtres qui lui fournissent la matière.
Bouchons de flacons (Ajusteur de).
Bouclerie (Fabricant de) à façon.
Boutons de métal, corne, cuir bouilli (Fabricant de) à façon.
Boutons de soie (Fabricant de) à façon.
Bretelles et jarretières (Fabricant de) à façon
Brioleur avec bêtes de somme.
Briquetier à façon.
Brocanteur d'habits sans boutique.
Broches et cannelets pour la filature (Fabricant de) à façon.
Brosses (Fabricant de bois pour).
Brossier (Fabricant à façon).
Broyeur à bras.
Bûches, briquettes factices, mottes à brûler (Marchand de).
Buffletier (Fabricant) à façon.
Cabas de (Faiseur de).
Cadrans de montres et de pendules (Fabricant de) à façon.
Café tout préparé (Débitant de).
Cafetières, bouillotes ou marabouts (Fabricant de) à façon.
Cages, souricières et tournettes (Fabricant de).
Canevas (Dessinateur de).

Cannes (Fabricant de) à façon.
Caparaçonnier à façon.
Carcasses ou montures de parapluies (Fabricant de) à façon.
Carcasses pour modes (Fabricant de).
Cardes (Fabricant de) à façon par les procédés ordinaires.
Carrés de montres (Fabricant de) à façon.
Cartons pour les bureaux et autres (Fabricant de) à façon.
Casquettes, toques. bonnets carrés et autres (Fab' de) à façon.
Castine et marne (Marchand de).
Ceinturonnier à façon.
Cerclier.
Chaises communes (Fabricant et marchand de).
Chaises à porteur (Loueur de).
Chaises (Empailleur de).
Chamoiseur à façon.
Chandeliers en fer ou en cuivre (Fabricant de) à façon.
Chapeaux (Marchand de vieux) en boutique ou en magasin.
Chapeaux (Fabricant de coiffes de).
Chapeaux (Garnisseur de).
Charbon de bois (Marchand de) en détail.
Charbon de terre épuré ou non (Marchand de) en détail.
Charbonnier voiturier.
Charnières en fer. cuivre ou fer-blanc (Fabricant de) par
    procédés ordinaires, à façon.
Charrettes (Loueur de).
Châsses de lunettes (Fabricant de) à façon.
Chaussons en lisière (Fabricant de).
Chenille en soie (Fabricant de) à façon.
Chevilleur.
Clinquant (Fabricant de) à façon.
Cloutier au marteau, à façon.
Colleur de papiers peints.
Coloriste, enlumineur.
Cols. collets et rabats (Fabricant de), à façon.
Coquetier sans voiture ni bêtes de somme.
Cordes à puits et liens d'écorces (Fabricant de).
Cordons. lacets, tresses, ganses en fil, soie, laine. coton,
    etc. (Fabricant de), à façon.
Corne (Apprêteur de) à façon.

Corne (Fabricant de feuilles transparentes de) à façon.
Cotrets (Débitant de).
Courroies (Apprêteur de) à façon.
Couverts et autres objets en fer battu ou étamé (Fabricant de), à façon.
Crépin en buis (Fabricant d'articles de) à façon.
Crin (Apprêteur, crêpeur ou friseur de) à façon.
Crinières (Fabricant de) à façon.
Crochets pour les fabriques d'étoffes (Fabricant de) à façon.
Cuillers d'étain (Fondeur ambulant) de.
Cylindre pour filatures (Garnisseur de).
Découpeur d'étoffes ou de papiers.
Découpoirs (Fabricant de) à façon.
Décrotteur en boutique.
Dés à coudre, en métal autre que l'or et l'argent (Fabricant de) à façon.
Ecrans (Fabricant d') à façon.
Elastisques pour bretelles, jarretières, etc. (Fabricant d').
Emeri et rouge à polir (Marchand d').
Encadreur d'estampes.
Enjoliveur (Fabricant) à façon.
Epileur.
Epingles (Fabricant par procédés ordinaires d') à façon.
Etameur ambulant d'ustensiles de cuisine.
Etoupes (Marchand d').
Etuis et sacs de papier (Fabricant d').
Eventailliste (Fabricant) à façon.
Fagots et bourrées (M^d de) en détail, vendant au fagot.
Faines (Marchand de).
Falourdes (Débitant de).
Ferreur de lacets.
Feuilles de blé de Turquie (Marchand de).
Figures en cire (Mouleur de) à façon.
Filasse de nerfs (Fabricant de) à façon.
Formaire pour la fabrication du papier, à façon.
Fouets et cravaches (Fabricant de) à façon.
Fourreaux pour sabres, épées, baïonnettes (Fab^t de), à façon.
Frangier à façon.
Frappeur de gaze.

Fuseaux (Fabricant de).
Gaînier à façon.
Galonnier à façon.
Garnisseur d'étuis pour instruments de musique.
Garnitures de parapluies et cannes, telles que bouts, anneaux, crosses, manches, etc. (Fabricant de).
Gibernes (Fabricant de) à façon.
Graveur de musique.
Graveur sur bois.
Harmonicas (Facteur d'),
Instruments pour les sciences (Fabricant d') à façon.
Lamier-rotier à façon.
Langueyeur de porcs.
Limailles (Marchand de).
Limes (Tailleur de).
Livrets (Fabricants de) pour les batteurs d'or ou d'argent.
Loueur en garni (s'il ne loue qu'une chambre).
Loueur d'abris sur les marchés.
Maillechort et autres compositions métalliques (Fabricant d'objets en) à façon.
Marrons (Marchand de) en détail.
Matelassier.
Mèches et veilleuses (Marchand et fabricant de).
Mesures linéaires, règles et équerres (Fabricant de), à façon.
Modiste à façon.
Moireur d'étoffes à façon.
Moules de boutons (Fabricant de)
Nattier.
Nécessaires (Fabricant de) à façon.
Nerfs (Batteur de).
Œillets métalliques (Fabricant d').
Opticien à façon (travaillant pour des maîtres qui lui fournissent la matière).
Oribus (Faiseur et marchand d').
Os (Fabricant d'objets en) à façon.
Osier (Md d'), vendant à la botte ou par petites quantités.
Ourdisseur de fils.
Paillassons (Fabricant de).
Paillettes et paillons (Fabricant de) à façon.

Pantoufles (Fabricant de) à façon.

Papiers verrés ou émerisés (Fabricant de).

Parcheminier à façon.

Passementier (Fabricant) à façon, lorsqu'il fabrique des articles dont la confection n'exige point l'emploi de métiers.

> Le passementier à façon qui emploie dix métiers ou au-dessus est imposable à la moitié des droits qu'il devrait payer s'il fabriquait pour son compte. Le passementier qui s'occupent des deux espèces de fabrication est imposable comme le patentable qui a plusieurs établissements.

Pâte de rose (Fabricant de bijoux en).

Peignes à sérancer (Fabricant de) à façon.

Peignes d'écaille, d'ivoire, de corne, de buis, etc. (Fabricant de) à façon.

Peignes en canne ou roseaux pour le tissage (Fabricant et marchand de).

Peintre ou doreur, soit sur verre ou cristal, soit sur porcelaine, etc., à façon.

Pelles de bois (Fabricant et marchand de).

Perceur de perles.

Perles fausses (Fabricant de) à façon.

Pinceaux (Fabricant de) à façon.

Pipes de terre (Marchand de) en détail.

Piqueur de cartes à dentelles.

Piqueur de grès.

Plieur de fils de soie à façon.

Plumassier à façon.

Plumeaux (Fabricant de) à façon.

Plumes à écrire (Apprêteur de).

Poires à poudre (Fabricant de) à façon.

Pois d'iris (Fabricant de).

Portefeuilles (Fabricant de) à façon.

Porteur d'eau filtrée ou non filtrée, avec cheval et voiture.

Puits (Maître cureur de).

Raquettes ou volants (Fabricant de) à façon.

Régl ur de papier.

Remiseur de charrettes à bras et de hottes.

Rémouleur ou repasseur de couteaux.

Reperceur.
Repriseuse de châles.
Rognures de peaux (Marchand de).
Rognures de papier (Marchand de).
Rouleaux (Tourneur de) pour la filature.
Ruches pour les abeilles (Fabricant de) à façon.
Sable (Marchand de).
Sabotier (Fabricant).
Sabots (Marchand de) en détail.
Satineur ou lisseur de papier.
Sciure de bois (Marchand de).
Seaux ou baquets en sapin (Fabricant de) à façon.
Souliers vieux (Marchand de).
Têtes en carton servant aux marchandes de modes (Fab* de)
Tôliers à façon.
Tourbe (Marchand de) en détail.
Tourneur en bois (Fabricant sans boutique).
Vannier (Fabricant de vannerie commune).
Varech (Marchand de) en détail.
Vignettes et caractères à jour (Fabricant de) à façon
Vis (Fabricant de) par procédés ordinaires, à façon
Voiturier ou roulier n'ayant qu'un équipage.

TABLEAU B.

PROFESSIONS

IMPOSÉES EU ÉGARD A LA POPULATION D'APRÈS UN TARIF
EXCEPTIONNEL.

Agent de change.

A Paris.. 1.000
Dans les villes de 100,000 âmes et au-dessus...   250
De 50,000 à 100,000 âmes.......................   200
De 30,000 à 50,000, et dans les villes de 15,000
    à 30,000 âmes qui ont un entrepôt réel.......   150

Dans les villes de 15,000 à 30,000 âmes, et
dans les villes d'une population inférieure
à 15,000 âmes qui ont un entrepôt réel....   100

Dans toutes les autres communes............   75

Assureur maritime.

A Paris...................................   250

Dans les villes de 50,000 âmes et au-dessus....   200

Dans les villes de 30,000 à 50,000 âmes, et dans
celles de 15,000 à 30,000 âmes qui ont un entrepôt réel...............................   150

Dans les villes de 15,000 à 30,000 âmes et dans
les villes au-dessous de 15,000 âmes qui ont
un entrepôt réel..........................   100

Dans toutes les autres communes............   50

Banquier.

A Paris...................................   1.000

Dans les villes d'une population de 50,000 âmes
et au-dessus..............................   500

Dans les villes de 30,000 à 50,000 âmes, et dans
celles de 15,000 à 30,00 âmes qui ont un entrepôt réel...............................   400

Dans les villes de 15,000 à 30,000 âmes, et
dans les villes d'une population inférieure
à 15,000 âmes qui ont un entrepôt réel......   300

Dans toutes les autres communes............   200

Cabriolets, fiacres et autres voitures semblables,
sous remise ou sur place (Entreprise de).......   10

Plus 2 francs par voiture en circulation dans
les villes au-dessus de 100,000 âmes; 1 fr. 50 c.
dans celles de 50,000 âmes à 100,000 âmes;
1 franc dans celles au-dessous de 50,000 âmes.
Le tout jusqu'au maximum de 1,000 francs.

Commissionnaire en marchandises.

A Paris...................................   400

Dans les villes d'une population de 50,000 âmes
et au-dessus..............................   300

Dans les villes de 30,000 à 50,000 âmes, et dans
celles de 15,000 à 30,000 âmes qui ont un entrepôt réel...............................   200

Dans les villes de 15,000 à 30,000 âmes, et
dans les villes d'une population inférieure
à 15,000 âmes qui ont un entrepôt réel...... 150
Dans toutes les autres communes............. 75
Commissionnaire entrepositaire.
   A Paris..................................... 250
Dans les villes de 50,000 âmes et au-dessus.... 200
Dans les villes de 30,000 à 50,000 âmes, et dans
  celles de 15,000 à 30,000 âmes qui ont un en-
  trepôt réel................................. 150
Dans les villes de 15,000 à 30,000 âmes, et
dans les villes d'une population inférieure
à 15,000 âmes qui ont un entrepôt réel...... 100
Dans toutes les autres communes............. 50
Commissionnaire de transports par terre et par eau.
   A Paris..................................... 250
Dans les villes de 50,000 âmes et au-dessus.... 200
Dans les villes de 30,000 à 50,000 âmes, et dans
  celles de 15,000 à 30,000 âmes qui ont un en-
  trepôt réel................................. 150
Dans les villes de 15,000 à 30,000 âmes, et
dans les villes d'une population inférieure
à 15,000 âmes qui ont un entrepôt réel..... 100
Dans toutes les autres communes............. 50
Courtier d'assurances.
   A Paris..................................... 250
Dans les villes de 50,000 âmes et au-dessus.... 200
Dans les villes de 30,000 à 50,000 âmes, et dans
  celles de 15,000 à 30,000 âmes qui ont un en-
  trepôt réel................................. 150
Dans les villes de 15,000 à 30,000 âmes, et
dans les villes d'une population inférieure
à 15,000 âmes qui ont un entrepôt réel..... 100
Dans toutes les autres communes............. 50
Courtier de navires.
   A Paris..................................... 250
Dans les villes de 50,000 âmes et au-dessus.... 200
Dans les villes de 30,000 à 50,000 âmes, et dans
  celle de 15,000 à 30,000 âmes qui ont un en-
  trepôt réel................................. 150

Dans les villes de 15,000 à 30,000 âmes, et dans
les villes d'une population inférieure à 15,000
âmes qui ont un entrepôt réel.............. 100,

Dans toutes les autres communes............. 50

Courtier de marchandises.

  A Paris..................................... 250

Dans les villes de 50,000 âmes et au-dessus.... 200

Dans les villes de 30,000 à 50,000 âmes, et dans
celles de 15,000 à 30,000 âmes qui ont un
entrepôt réel............................. 150

Dans les villes de 15,000 à 30,000 âmes, et dans
les villes d'une population inférieure à 15,000
âmes qui ont un entrepôt réel.............. 100

Dans toutes les autres communes............ 50

Courtier en marchandises, domicilié dans une ville
de 50,000 âmes et au-dessus, bien que breveté
pour une commune de population inférieure... 200

Eau (Entrepreneur de distribution d').

Fournissant la ville de Paris, en tout ou en partie. 600

Fournissant une ville de 50,000 âmes et au-
dessus 400

Fournissant une ville de 30,000 à 50,000 âmes. 200

Fournissant une ville de 15,000 à 30,000 âmes. 150

Fournissant une ville au-dessous de 15,000 âmes. 75

Facteur aux halles de Paris.

Pour les farines, le beurre, les œufs, les fromages
et le poisson salé......................... 150

Pour les grains, graines et grenailles, la marée, les
huîtres et les cuirs....................... 100

Pour le poisson d'eau douce, la volaille, le gibier,
les agneaux, cochons de lait, veaux de rivière
et de pré salé, les veaux, les charbons de bois
arrivés par eau, les draps, les toiles, les fourrages. 75

Pour le charbon de bois arrivé par terre ou pour
le charbon de terre....................... 50

Pour les fruits et légumes................... 25

Facteur aux marchés à bestiaux destinés à l'appro-
visionnement de Paris..................... 150

Gaz pour l'éclairage (Fabrique de).

    Pour les fabriques qui fournissent l'éclairage de tout ou partie :

Des villes de 50,000 âmes et au-dessus........	400
Des villes de 30,000 âmes et au-dessus........	200
Des villes de 15,000 à 30,000 âmes...........	150
Des villes au-dessous de 15,000 âmes.........	75

Inhumations et pompes funèbres de Paris (Entreprise des).. **1.000**

Magasin de plusieurs espèces de marchandises (Tenant un), lorsqu'il occupe habituellement plus de cinq personnes préposées à la vente : 25 franc par personne dans les villes d'une population de plus de 100,000 âmes ; 20 francs dans celles d'une population de 50,000 à 100,000 ; et 15 francs dans les villes d'une population inférieure à 50,000 âmes. Le tout jusqu'au maximum de 2,000 francs.

Magasin de vêtements (Tenant un), lorsqu'il occupe habituellement plus de cinq personnes préposées à la vente : 25 francs par personne dans les villes d'une population de 100,000 âmes ; 20 francs dans celles d'une population de 50,000 âmes à 100,000, et 15 francs dans les villes d'une population inférieure à 50,000 âmes. Le tout jusqu'au maximum de 2.000 francs.

Monnaies (Directeur des).

À Paris......................................	1.000
Dans toutes les autres villes................	800

Négociant.

À Paris......................................	400
Dans les villes de 50,000 âmes et au-dessus....	300
Dans les villes de 30,000 à 50.000 âmes, et dans celles de 15,000 à 30,000 âmes qui ont un entrepôt réel....................................	200
Dans les villes de 15,000 à 30,000 âmes, et dans les villes d'une population inférieure à 15,000 âmes qui ont un entrepôt réel..............	150
Dans toutes les autres communes.............	100

Omnibus (Entreprise d')........................ 10

Plus 1 franc par place des voitures en circulation dans les villes au-dessus de 100,000 âmes ; 75 centimes dans celles de 50,000 à 100,000 âmes, et 50 centimes dans celles au-dessous de 50,000 âmes. Le tout jusqu'au maximum de 1,000 francs.

Le droit par place sera réduit de moitié pour les places dont le prix est au-dessous de 20 ^{cmes}.

Pont (Concessionnaire ou fermier de péage sur un).

Dans l'intérieur de Paris........................ 200

Dans l'intérieur d'une ville de 50,000 âmes et au-dessus........................ 100

Dans l'intérieur d'une ville de 20,000 à 50,000 âmes........................ 75

Dans les autres communes d'une population inférieure à 20,000 âmes, lorsque le pont réunit deux parties :

D'une route impériale........................ 75
D'une route départementale........................ 50
D'un chemin vicinal de grande communication.. 25
D'un chemin vicinal........................ 15

Lorsque le pont réunit deux routes ou chemins de classes différentes, le droit fixe est établi d'après la moyenne des taxes afférentes aux deux classes.

Roulage (Entrepreneur de).

A Paris........................ 300
Dans les villes de 50,000 âmes et au-dessus..... 200
Dans les villes de 30,000 à 50,000 âmes, et dans celles de 15,000 à 30,000 âmes qui ont un entrepôt réel........................ 150
Dans les villes de 15,000 à 30,000 âmes, et dans les villes d'une population inférieure à 15,000 âmes qui ont un entrepôt réel...... 100
Dans toutes les autres communes............. 75

Signaux télégraphiques à l'entrée des ports (Entrepreneur de).

Dans les villes de 50,000 âmes et au-dessus.... 100

Dans les villes de 30,000 à 50,000 âmes, et dans celles de 15,000 à 30,000 âmes qui ont un entrepôt réel.................................... 75

Dans les villes de 15,000 à 30,000 âmes, et dans les villes au-dessous de 15,000 âmes qui ont un entrepôt réel.................................... 50

Dans toutes les autres communes............. 25

Vins (Marchand de) ayant son établissement dans l'entrepôt réel de la ville de Paris............ 100

TABLEAU G.

PROFESSIONS

IMPOSÉES SANS ÉGARD A LA POPULATION.

1re PARTIE.

DROIT PROPORTIONNEL AU QUINZIÈME.

Armateur pour le long cours.

40 centimes par chaque tonneau, jusqu'au maximum de 1,000 francs.

Armateur pour le grand et le petit cabotage, la pêche de la baleine et celle de la morue, et armateur au bornage.

25 centimes par chaque tonneau, jusqu'au maximum de 400 francs.

Assurances non mutuelles dont les opérations s'étendent :

A plus de vingt départements............... 1.000

De six à vingt départements................ 500

A moins de six départements............... 300

Banque de France, y compris ses comptoirs...... 20.000

Banque dans les départements :

Ayant un capital de 2 millions et au-dessous. 1.000

Par chaque million de capital en sus, 200 francs, jusqu'au maximum de 2,000 francs.

Barques et bateaux pour le transport des marchandises sur les fleuves, rivières et canaux (Entrepreneur, maître ou patron de).

5 centimes par chaque tonneau de la capacité brute des barques et bateaux, jusqu'au maximum de 300 francs.

Si le conducteur n'est qu'un homme à gages, la patente est due par l'entrepreneur, le maître ou le patron qui l'emploie.

Bateaux et paquebots à vapeur pour le transport des voyageurs (Entreprise de).

Pour voyages de long cours................ 300

Sur fleuves, rivières et le long des côtes..... 200

Bateaux et paquebots à vapeur pour le transport des marchandises (Entreprise des),............. 200

Bateaux à vapeur remorqueurs (Entreprise de)..... 150

Canaux navigables avec péage, ou canaux d'irrigation (Concessionnaire de)..................... 200

Plus 20 francs par myriamètre complet, en sus du premier, jusqu'au maximum de 1,000 francs.

Coches d'eau (Entreprise de)..................... 100

Crédit foncier de France (Société du)............. 5.000

Crédit mobilier (Société générale du)............. 5.000

Défrichement et desséchement (Compagnie de).... 300

Fournisseurs généraux :

D'objets concernant l'habillement, l'armement, la remonte, le harnachement et l'équipement des troupes, etc........................... 1.000

De subsistances aux armées................... 1.000

De chauffage et de lumière aux troupes,........ 1.000

Fournisseur des objets ci-dessus indiqués, par division militaire................................... 150

Fournisseurs de chauffage et de lumière aux troupes dans les garnisons....................... 25

Fournisseur de fourrages aux troupes dans les garnisons....................................... 100

Fournisseurs de vivres et fourrages aux troupes dans les gîtes d'étape.............................. 25

Fournisseur de vivres aux troupes dans les garnisons................................... 50

Marchand forain :

Avec voiture à un seul collier................. 60

Avec voiture à deux colliers................... 120

Avec voiture à trois colliers et au-dessus, ou ayant plus d'une voiture................... 200

Avec bête de somme........................ 40

Avec balle................................ 15

(Les droits ci-dessus sont réduits de moitié lorsque le marchand forain ne vend que des balais, de la boissellerie, des bouteilles, des pierres à aiguiser, de la poterie ou de la vannerie).

Péage sur une route (Concessionnaire des droits de) lorsque la longeur de la route n'excède pas un myriamètre. 15

Poterie (Marchand forain sur bateau de) :

Pour un bateau........................... 30

Pour deux bateaux......................... 60

Pour trois bateaux et au-dessus.............. 100

Tontine (Société de)......................... 300

2º PARTIE.

DROIT PROPORTIONNEL.

Au 20º : 1º sur la maison d'habitation ; 2º sur les magasin de vente complètement séparés de l'établissement ; Au 25º : sur l'établissement industriel.

Amidon (Fabrique d')........................ 10
Plus 3 francs par ouvrier, jusqu'au maximum de 200 francs.

Ardoisières (Exploitant d')................... 10
Plus 3 francs par ouvrier, jusqu'au maximum de 400 francs.

Blanc de baleine (Raffinerie de)............... 15
    Plus 3 francs par ouvrier, jusqu'au maximum de 200 francs.

Bougies, cierges, etc. (Fabrique de)........... 15

Brais, goudrons, poix, résines et autres matières analogues (Fabrique de)..................... 25

Briques (Fabrique de)........................ 5
    Plus 2 francs par ouvrier ou par série d'ouvriers momentanément employés, équivalente à un ouvrier employé complètement, jusqu'au maximum de 100 francs.

Café de chicorée de glands et autres matières analogues (Fabrique de)..................... 15
    Plus 3 francs par ouvrier, jusqu'au maximum de 200 francs.
    (Ne sont point comptés les ouvriers qui ne sont employés qu'à la culture de la chicorée ou à la récolte des glands).

Capsules ou amorces de chasse (Fabricant de).... 50

Cendres gravelées (Fabrique de)............... 25

Chandelles (Fabrique de)...................... 10
    Plus 3 francs par ouvrier, jusqu'au maximum de 100 francs.

Chaux naturelle (Fabrique de).
    1 franc par mètre cube de la capacité brute des fours, jusqu'au maximum de 200 francs.
    (Le droit sera réduit de moitié pour les fours dans lesquels on cuira moins de huit fois par an).

Chaux artificielle (Fabrique de).
    1 fr. 50 c. par mètre cube de la capacité brute des fours, jusqu'au maximum de 300 francs.
    (Le droit sera réduit de moitié pour les fours dans lesquels on cuira moins de huit fois par an.)

Cire (Blanchisserie de)....................... 15
    Plus 3 francs par ouvrier, jusqu'au maximum de 200 francs.

Coke (Fabrique de)........................... 15
    Plus 3 francs par four, jusqu'au maximum de 300 francs.

Colle forte (Fabrique de)........................ 15
>Plus 3 francs par chaque ouvrier, jusqu'au maximum de 200 francs.

Colle végétale pour les papeteries (Fabrique de).. 15
>Plus 3 francs par ouvrier, jusqu'au maximum de 100 francs.

Conserves alimentaires (Fabrique de)............ 15
>Plus 3 francs par ouvrier, jusqu'au maximum de 300 francs.

Cossettes de betterave, de chicorée (Fabrique de). 15
>Plus 3 francs, par ouvrier, jusqu'au maximum de 200 francs.

Crayons (Fabrique de)........................... 15
>Plus 3 francs par ouvrier jusqu'au maximum de 300 francs.

Creusets (Fabrique de).......................... 25

Encre d'impression (Fabricant d')............... 15
>Plus 3 francs par ouvrier, jusqu'au maximum de 200 francs.

Engrais (Marchand d')........................... 25

Esprit ou eau-de-vie de vin (Fabrique d')......... 50
>(Ce droit sera réduit de moitié pour les fabricants qui fabriquent moins de 100 hectolitres).

Esprit ou eau-de-vie de marc de raisin, cidre, poiré, fécules et autres substances analogues (Fabrique d')....................................... 25
>(Ce droit sera réduit de moitié pour les fabricants qui fabriquent moins de 1,000 hectolitres).

Etain pour glaces (Fabrique d').................. 15
>Plus 3 francs par ouvrier, jusqu'au maximum de 300 francs.

Fécules de pommes de terre (Fabrique de)........ 15
>Plus 3 francs par ouvrier, jusqu'au maximum de 200 francs.

Fontainier, sondeur et foreur de puits artésiens... 50

Formes à sucre (Fabrique de).................... 15
>Plus 3 francs par ouvrier, jusqu'au maximum de 100 francs.

Fromages de Roquefort et autres fromages secs
(Fabrique de).. 50
Gélatine (Fabrique de)................................ 15
    Plus 3 francs par ouvrier, jusqu'au maximum
de 200 francs.
Glacière (Maître de)................................... 50
Glucose (Fabrique de)................................. 15
    Plus 3 francs par ouvrier jusqu'au maximum
de 200 francs.
Malt ou orge germée servant à la fabrication de la
bière (Fabrique de)................................. 10
    Plus 3 francs par ouvrier, jusqu'au maximum
de 200 francs.
Mèches pour les mines et les artifices (Fabricant de). 10
    Plus 3 francs par ouvrier, jusqu'au maximum
de 100 francs.
Noir animal (Fabrique de)............................ 50
Papiers ou taffetas préparés pour usages médicinaux
(Fabrique de)....................................... 50
Pâtes alimentaires (Fabrique de).................... 15
    Plus 3 francs par ouvrier, jusqu'au maximum
de 200 francs.
Pierres à feu (Fabricant expéditeur de)............. 25
Pipes (Fabrique de).
    25 francs par four, jusqu'au maximum de
150 francs.
Plâtre (Fabrique de).
    1 franc par mètre cube de la capacité brute
des fours, jusqu'au maximum de 200 francs.
    (Le droit sera réduit de moitié pour les fours dans
lesquels ou fera moins de huit fournées par an).
Pointes (Fabrique de) par procédés ordinaires.... 10
    Plus 3 francs par ouvrier, jusqu'au maximum
de 300 francs.
Poterie (Fabrique de)................................. 5
    Plus 2 francs par ouvrier, jusqu'au maximum
de 200 francs.
Réglisse (Fabrique de)................................ 15
    Plus 3 francs par ouvrier, jusqu'au maximum
de 200 francs.

Savon (Fabrique de)............................. 20
    Plus 50 centimes par hectolitre de capacité des chaudières, jusqu'au maximum de 400 francs.
Sel (Raffinerie de)............................. 25
    Plus 3 francs par ouvrier, jusqu'au maximum de 100 francs.
Sirop de fécule de pommes de terre (Fabrique de). 15
    Plus 3 francs par ouvrier, jusqu'au maximum de 200 francs.
Suif (Fondeur de)............................. 10
    Plus 3 francs par ouvrier, jusqu'au maximum de 100 francs
Taffetas gommés ou cirés (Fabricant de)......... 50
Tapis peints ou vernis (Fabricant de)........... 50
Toiles cirées ou vernies (Fabricant de)......... 50
Tourbes carbonisées (Fabrique de)............... 25
Tuiles (Fabrique de)............................. 5
    Plus 2 francs par ouvrier, jusqu'au maximum de 100 francs.
Vinaigre (Fabrique de)......................... 25
    (Ce droit sera réduit de moitié pour les fabricants qui fabriquent moins de 100 hectolitres).

3ᵉ PARTIE.

DROIT PROPORTIONNEL.

Au 20ᵉ : 1° sur la maison d'habitation ; 2° sur les magasins de vente complètement séparés de l'établissement.

Au 40ᵉ : sur l'établissement industriel.

Acier fondu ou acier de cémentation (Fabrique de). 40
    Plus 3 francs par ouvrier, jusqu'au maximum de 300 francs.
Acier naturel (Fabrique d'), imposable comme les forges et hauts fourneaux.
Agrafes (Fabrique d') par procédés mécaniques... 15
    Plus 3 francs par ouvrier, jusqu'au maximum de 300 francs.

Aiguilles à coudre, à tricoter ou à métiers pour faire des bas (Fabrique d'), par procédés ordinaires ou par procédés mécaniques................ 10

    Plus 3 francs par ouvrier, jusqu'au maximum de 300 francs.

Armes blanches (Fabrique d')................ 100

Armes de guerre (Manufacture d')............ 400

Batteur de laines par procédés mécaniques...... 15

    Plus 3 francs par ouvrier, jusqu'au maximum de 300 francs.

Biscuit de mer (Fabrique de).................. 50

Blanchisserie de toiles, fils, étoffes de laine pour le commerce ; par procédés mécaniques ou chimiques..................................... 15

    Plus 3 francs par ouvrier, jusqu'au maximum de 300 francs.

Bois de brosses (Fabrique de) par procédés mécaniques, 5 francs par perçoir, jusqu'au maximum de 150 francs.

Bois d'allumettes (Fabrique de) par procédés mécaniques 15

    Plus 3 francs par ouvrier jusqu'au maximum de 150 francs.

Bouchons de liège (Fabrique de) par procédés mécaniques, 1 franc par lame, jusqu'au maximum de 150 francs.

    (Le droit sera réduit de moitié pour les fabriques qui, par manque ou par crue d'eau, sont forcées de suspendre leur travail, en tout ou en partie, pendant un temps équivalent au moins à quatre mois).

Brasserie, 70 centimes par hectolitre de capacité brute de toutes les chaudières, jusqu'au maximum de 400 francs.

    (Ce droit sera réduit de moitié pour les brasseries qui ne brassent que quatre fois au plus par an, et d'un quart pour celles qui ne brassent que huit fois au plus par an).

Briques combustibles (Fabrique de)............ 15

    Plus 3 francs par ouvrier jusqu'au maximum de 300 francs.

Calorifères (Fabricant ou entrepreneur de la construction des)..   15
    Plus 3 francs par ouvrier, jusqu'au maximum
de 300 francs.

Caoutchouc et autres matières semblables (Etablissement mécanique pour la préparation ou pour
l'emploi du)..   15
    Plus 3 francs par ouvrier employé, soit à la
préparation des matières, soit à la confection
mécanique des objets fabriqués, jusqu'au maximum de 500 francs.

Cartonnage (Fabrique de), 30 francs par cuve, jusqu'au maximum de 150 francs.
    (Ce droit sera réduit de moitié pour les fabri-
ques qui sont forcées de chômer, par manque ou
par crue d'eau, pendant une partie de l'année
équivalente au moins à quatre mois)

Charpie (Fabrique de) par procédés mécaniques,
5 francs par carde, jusqu'au maximum de 200
francs.

Chaudronnerie pour les appareils à vapeur, à dis-
tiller, à concentrer, etc. (Fabrique de)........   200

Chaussures (Fabricant de) par procédés mécaniques   15
    Plus 3 francs par ouvrier, jusqu'au maximum
de 500 francs.

Chemin de fer avec péage (Concessionnaire de)...   200
    Plus 20 francs par myriamètre en sus du pre-
mier, jusqu'au maximum de 5,000 francs.

Clous et pointes (Fabrique de) par procédés mécaniques, 5 francs par métier, jusqu'au maximum de 400 francs.

Cocons (Filerie de), 1 fr. 50 c. par bassine ou tour,
jusqu'au maximun de 400 francs.

Conservation du bois, des toiles et des cordages
(Etablissement pour la), au moyen de prépara-
tions chimiques..   10
    Plus 25 centimes par mètre cube des bassins,
cuves ou fosses renfermant les préparations con-
servatrices ou servant à l'immersion des objets à
conserver, jusqu'au maximum de 400 francs.

Convois militaires (Entreprise générale des).........	1,000
Convois militaires (Entreprise particulière des) pour une division militaire...................	100
Convois militaires (Entreprise particulière pour gîtes d'étape)	5
Coutellerie (Fabricant expéditeur de)............	5

Plus 3 francs par série d'ouvriers partiellement employés, équivalente à un ouvrier employé complètement, jusqu'au maximum de 100 francs.

Coutellerie (Fabricant de) non expéditeur........	4

Plus 2 francs par série d'ouvriers partiellement employés, équivalente à un ouvrier employé complètement, jusqu'au maximum de 75 francs.

Couverts et autres objets de service de table en argent ou en alliage (Fabrique de), par procédés mécaniques	15

Plus 3 francs par ouvrier, jusqu'au maximum de 300 francs.

Crin végétal (Fabrique de), par procédés mécaniques, 5 francs par machine à peigner, jusqu'au maximum de 100 francs.

Cristaux (Manufacture de)......................	300

Déchireur de chiffons et vieilles étoffes de laines par procédés mécaniques, 10 francs par machine, jusqu'au maximum de 100 francs.

Découpeur d'étoffes, par procédés mécaniques, 5 francs par métier, jusqu'au maximum de 150 francs.

Diligences partant à jours et heures fixes (Entrepreneur de), parcourant une distance de deux myriamètres et au-dessous...................	25

Pour chaque myriamètre complet en sus des deux premiers, 5 francs, jusqu'au maximum de 1,000 francs.

Eaux minérales et thermales (Exploitation d').....	150

Ecorce pour la fabrication du papier (Déchireurs d') par procédés mécaniques, 10 francs par machine, jusqu'au maximum de 100 francs.

Enclumes, essieux et gros étaux (Manufacture d') par feu, 25 francs, jusqu'au maximum de 300 francs

Epingles (Manufacture d') par procédés mécaniques..................................... 15
    Plus 3 francs par ouvrier, jusqu'au maximum de 300 francs.

Fabricant .dont la profession est spécialement dénommée au tableau des commerces, des industries ou professions dont le droit fixe est réglé eu égard à la population et d'après un tarif général, lorsqu'il travaille pour le commerce et qu'il occupe plus de dix ouvriers disséminés ou renfermés dans un même établissement.

    Pour les dix premiers ouvriers............. 15

    Plus, pour les ouvriers au-dessus de dix, 3 francs par ouvrier ou par série d'ouvriers momentanément employés, équivalente à un ouvrier employé complètement jusqu'au maximum de 300 francs.

    Les droits ci-dessus seront réduits à la moitié pour les fabricants à façon.

    (Dans aucun cas, le droit fixe ne pourra être inférieur à celui qui résulterait de l'application du tarif réglé en raison de la population à la profession du fabricant).

Faïence (Manufacture de).
Par four 25
    Jusqu'au maximum de 150 francs.

Faux et faucilles (Fabrique de)................ 15
    Plus 3 francs par ouvrier jusqu'au maximum de 300 francs.

Fer blanc (Fabrique de)....................... 50
    Plus 3 francs par ouvrier, jusqu'au maximum de 400 francs.

Ferronnerie, serrurerie et clous forgés (Fabrique de)....................................... 5
    Plus 3 francs par ouvrier jusqu'au maximum de 300 francs.

Fonderie ou affinage de plomb ou de zinc.
    25 francs par chaufferie, feu, four, ou fourneau de fusion, jusqu'au maximum de 1,000 francs.

Fonderie de cuivre (Entrepreneur de)............

    Ayant plusieurs laminoirs 300

    Un laminoir ou plusieurs martinets............ 200

    Se bornant à convertir le cuivre rouge en cuivre
    jaune.. 100

Fonderie de cuivre et bronze (Entrepreneur de).

    Fondant des objets de grande dimension, tels
      que cylindres ou rouleaux d'impression pour
      les manufactures, ou grandes pièces de méca-
      nique, etc..................................... 200

    Ne fondant que des objets d'art ou d'ornementa-
      tion, ou des pièces de mécanique de petite
      dimension..................................... 100

    Ne fondant que des objets d'un usage commun
      et de petite dimension, comme robinets, clo-
      chettes, anneaux, etc.......................... 50

Fonderie en fer de seconde fusion (Entrepreneur de).

    Fabricant des objets de grande dimension, tels
      que cylindres, grilles, colonnes, pilastres,
      bornes et grandes pièces de mécanique, etc.. 200

    Ne fabriquant que des objets de petite dimension
      pour l'ornementation, ou de petites pièces de
      mécanique.................................... 100

Forges et hauts fourneaux (Maître de).

    Par haut fourneau au coke..................... 200

    Par haut fourneau au bois..................... 100

    Par forge dite catalane et par chaufferie, feu,
      four et fourneau de seconde fusion de toute
      usine à fer.................................... 25

    Jusqu'au maximum de 1,000 francs.

    (Ces droits seront réduits de moitié pour les
    forges dites catalanes et pour les forges à un ou
    deux marteaux, lorsqu'elles seront forcées, par
    manque ou par crue d'eau, de suspendre leur
    travail, en tout ou en partie, pendant un temps
    équivalent au moins à quatre mois).

Foulonnier, 3 francs par pot à fouler ou à laver,
    jusqu'au maximum de 150 francs.

Foulonnier à la mécanique, 10 fr. par machine à fou-
    ler ou à laver, jusqu'au maximum de 150 francs.

Galvanisation du fer (Exploitant une usine pour la).
50 francs par chaque four de fusion, jusqu'au maximum de 300 francs.

Galvanoplastie (Entrepreneur de)................ 50
Plus 3 francs par ouvrier jusqu'au maximum de 400 francs.

Gaz pour l'éclairage (Fabrique de). Pour les fabriques qui fournissent l'éclairage de tout ou partie de la ville de Paris.
1 centime par hectolitre de la capacité des gazomètres, jusqu'au maximum de 3,000 francs.

Glaces (Manufacture de)........................ 400

Gobeleterie (Manufacture de). 50 fr. par four de fusion jusqu'au maximum de 300 francs.

Guimperie (Fabricant de) par procédés mécaniques.
Pour cent bouts ou cordes et au-dessous..... 10
Plus 10 francs par chaque centaine de bouts ou cordes au-dessus de cent, jusqu'au maximum de 200 francs.

Horlogerie (Fabrique de pièces d'), par procédés mécaniques................................ 10
Plus 3 francs par ouvrier, jusqu'au maximum de 300 francs.

Huile de goudron (Fabrique de)................ 15
Plus 3 francs par ouvrier, jusqu'au maximum de 300 francs.

Huîtres (Marchand expéditeur d'), expédiant avec voitures servies par des relais ou par les chemins de fer.. 100

Instruments de mathématiques, d'optique, de physique, et, en général, de sciences (Fabricant d') par procédés mécaniques.................... 15
Plus 3 francs par ouvrier jusqu'au maximum de 100 francs.

Jus de betterave (Fabricant de).
40 francs par chaque presse de première ou de seconde pression jusqu'au maximum de 400 francs.

Lamier-rotier par procédés mécaniques......... 50

Laminerie (Entrepreneur de).

Par paire de cylindres d'un mètre de longueur et au-dessus.................................... 100

Par paire de cylindres au-dessous d'un mètre de longueur.................................... 80

Jusqu'au maximum de 300 francs.

Limes (Fabrique de)............................ 10

Plus 3 francs par ouvrier, jusqu'au maximum de 300 francs.

Lin ou chanvre (Fabrique de) par procédés mécaniques ou chimiques..................... 15

Plus 3 francs par ouvrier jusqu'au maximum de 300 francs.

Lits militaires (Entreprise générale des).......... 1,000

Maison particulière de santé (Tenant une)........ 100

Maréyeur expéditeur, expédiant avec voitures servies par des relais ou par les chemins de fer.. 100

Maroquin (Fabrique de), avec machine à vapeur ou moteur hydraulique............................ 100

Martinets, par arbre de camage................ 15

Jusqu'au maximum de 200 francs.

(Ce droit sera réduit de moitié pour les fabriques qui sont forcées, par manque ou par crue d'eau, de chômer pendant une partie de l'année équivalente au moins à quatre mois).

Moulin ou autre usine à moudre, battre, triturer, broyer, pulvériser, presser.

8 francs par paires de meules ou de cylindres et par presse, et 1 franc par pilon, jusqu'au maximum de 30 francs.

Lorsque les meules et les cylindres ne fonctionneront pas par paire, on appliquera le droit fixe afférent à la paire, à la machine ou au jeu des machines qui en tiendra lieu.

Le droit sera réduit de moitié pour les moulins à bras, à manége et à vent, et pour les moulins mus par l'eau qui sont périodiquement forcés, par manque ou par crue d'eau, de suspendre leur travail en tout ou en partie pendant un temps équivalent au moins à quatre mois.

Les exploitants de moulins qui achètent les matières premières pour revendre ensuite les produits de leur usine, sont imposables comme marchands, lorsque le droit fixe afférent à cette dernière qualification excède le droit fixe afférent à l'exploitation du moulin.

Les usines à bras seront exemptes du droit proportionnel.

Moulinier en soie, soit qu'il travaille pour son compte, soit qu'il travaille à façon............ 8

Plus 8 francs par centaines de tavelles, et 60 centimes par centaine de broches, fuseaux et baguettes ou axes supportant les bobines, roquets ou roquelles de toute nature, jusqu'au maximum de 200 francs.

(Le droit sera réduit de moitié pour le moulinier en soie et coton mélangés).

Orthopédie (Tenant un établissement d')......... 100

Papeterie à la cuve, par cuve................'...... 15

Jusqu'au maximum de 100 francs.

(Ce droit sera réduit de moitié pour les papeteries à la cuve, qui seront forcées, par manque ou par crue d'eau, de chômer pendant une partie de l'année équivalente au moins à quatre mois).

Papeterie à la mécanique.

60 francs par machine ne pouvant fabriquer que du papier d'un mètre de largeur et au-dessous, et, lorsque la machine peut fabriquer du papier plus large, 1 fr. 50 c. en sus par chaque centimètre de largeur excédant le mètre; plus, par machine servant à la trituration des chiffons et des pâtes, le droit dont elle est passible, considérée comme moulin, jusqu'au maximum de 400 francs.

Le droit sera réduit de moitié pour les machines ne séchant pas le papier et pour celles qui ne servent à fabriquer que du carton ou des papiers gris et d'emballage).

Papiers peints pour tenture (Fabrique de)

Pour quinze tables et au-dessous........... 40

Et 3 francs par table en sus, jusqu'au maximum de 300 francs.

Un cylindre sera compté pour vingt-cinq tables.

Patouillet ou lavoir de minerai.

Pour chaque usine.......................... 15

Jusqu'au maximum de 100 francs.

(Ce droit sera réduit de moitié pour les patouillets ou lavoirs qui sont forcés de chômer, par crue ou par manque d'eau, pendant une partie de l'année équivalente au moins à quatre mois.)

Peignerie ou carderie de coton, de laine ou de bourre de soie, par procédés mécaniques, 8 francs par assortiment de machines à peigner ou à carder, jusqu'au maximum de 100 fr.

Peignes (Fabricant de) par procédés mécaniques. 10

Plus 3 francs par ouvrier, jusqu'au maximum de 300 francs.

Peinture sur verre (Exploitant un établissement de), 30 francs par four, jusqu'au maximum de 300 francs.

Plumes métalliques (Fabricant de) par procédés mécaniques................................. 15

Plus 3 francs par ouvrier, jusqu'au maximum de 300 francs.

Polisseur tourneur ou émouleur par procédés mécaniques 15

Plus 3 francs par ouvrier, jusqu'au maximum de 100 francs.

Porcelaines (Manufacture de), 30 francs par four, jusqu'au maximum de 300 francs.

Produits chimiques (Manufacture de)............. 15

Plus 3 francs par ouvrier, jusqu'au maximum de 500 francs.

Quincaillerie (Fabrique de) 10

Plus 3 francs par ouvrier, jusqu'au maximum de 300 francs.

Sabots (Fabricant de) par procédés mécaniques .. 10

Plus 3 francs par ouvrier, jusqu'au maximum de 100 francs.

Scierie mécanique.

Pour le sciage des bois de construction, bâtisse et menuiserie, 2 francs par lame.

Pour le sciage des bois de marqueterie et placage, 1 franc par lame.

Pour le sciage des pierres et du marbre, 50 centimes par lame, jusqu'au maximum de 180 francs.

(Ce droit sera réduit de moitié pour les scieries qui, par manque ou par crue d'eau, sont forcées de suspendre leur travail en tout ou en partie pendant un temps équivalent au moins à quatre mois.)

Scies (Fabrique de)................................ 10

Plus 3 francs par ouvrier, jusqu'au maximum de 300 francs.

Sculptures (Fabrique de) par procédés mécaniques. 15

Plus 3 francs par ouvrier, jusqu'au maximum de 100 francs.

Soufflerie de poils pour la chapellerie et autres industries, par procédés mécaniques.

5 francs par assortiment de machines à souffler, jusqu'au maximum de 100 francs.

Sucre (Raffinerie de), ayant moins de 25 ouvriers. 100

De 25 à 50 ouvriers............................... 200

Plus de 50 ouvriers............................... 300

Sucre de betterave (Fabrique de).

Pour chaque chaudière à déféquer contenant moins de 10 hectolitres...................... 40

Pour chaque chaudière à déféquer contenant 10 hectolitres et au-dessus.................. 60

Jusqu'au maximum de 400 francs.

Tannerie de cuirs forts et mous................. 10

Plus 25 centimes par mètre cube de fosses et de cuves, jusqu'au maximum de 300 francs

Teinturier pour les fabricants et les marchands... 15

Plus 3 francs par ouvrier, jusqu'au maximum de 300 francs.

Télégraphie privée (Entreprise de) 100

Tondeur de tapis par procédés mécaniques, 8 fr. par tondeuse, jusqu'au maximum de 100 francs.

Transport de la guerre (Entreprise générale du).. 1.000

Transport de la guerre (Entreprise particulière du), pour une division militaire...................... 100

Transport de la guerre (Entreprise particulière pour gîtes d'étape)........................... 25

Transports militaires (Entreprise générale des)... 1.000

Transports des tabacs (Entreprise générale de).... 1.000

Transport des détenus.

    Entreprise générale........................ 300

    Entreprise pour le transport des détenus du ressort d'une cour impériale au moins......... 100

    Entreprise pour le transport des détenus d'une circonscription moins étendue que celle d'une cour impériale......................... 25

Tréfilerie en fer ou laiton...................... 25

    Plus 2 fr. 50 c. par bobine, jusqu'au maximum de 400 francs,

Tricur de laine par procédés mécaniques.

    10 francs par machine, jusqu'au maximum de 150 francs.

Usine à tirer l'or et l'argent (Exploitant d')...... 25

    Plus 2 fr. 50 c. par bobine, jusqu'au maximum de 400 francs.

Ustensiles en fer battu (Fabrique d') par procédés mécaniques........................... 15

    Plus 3 francs par ouvrier, jusqu'au maximum de 300 francs.

Verrerie, 50 francs par four de fusion, jusqu'au maximum de 300 francs.

Vis (Manufacture de) par procédés mécaniques.... 10

    Plus 3 francs par ouvrier, jusqu'au maximum de 300 francs.

4ᵉ PARTIE.

DROIT PROPORTIONNEL

Au 20ᵉ : 1° sur la maison d'habitation; 2° sur les magasins de vente complètement séparés de l'établissement.

Au 50ᵉ : sur l'établissement industriel.

Apprêteur d'étoffes pour les fabriques............ 15
    Plus 3 francs par ouvrier, jusqu'au maximum de 300 francs.

Cardes (Manufacture de) par procédés mécaniques. 25
    Plus 5 francs par métier, jusqu'au maximum de 300 francs.

Collage et séchage de chaînes et tissus (Exploitant un établissement de)......................... 15
    Plus 3 francs par ouvrier, jusqu'au maximum de 150 francs.

Cordes (Fabrique de) par procédés mécaniques, pour 500 broches ou fuseaux et au-dessous.... 10
    Plus 1 fr. 50 c. par chaque centaine de broches ou de fuseaux en sus, jusqu'au maximum de 400 francs.

Drap feutre (Fabricant de) par procédés mécaniques.
    1 franc par paire de cylindres des machines à feutrer, jusqu'au maximum de 600 francs.

Fil de coton, chanvre, lin (Retordeur de), au moyen de moulins; pour chaque moulin....... 5
    Jusqu'au maximum de 400 francs.

Au moyen de broches, pour 500 broches et au-dessous 10
    Plus 1 fr. 50 c. par chaque centaine de broches en sus, jusqu'au maximum de 400 fr.

Filature de laine, de chanvre ou de lin.......... 5
    Plus 5 francs par assortiment de machines à peigner ou à carder, et 3 francs par chaque centaine de broches, jusqu'au maximum de 600 francs.

Filature de coton et filature de déchets ou de
bourre de soie.................................... 3

Plus 5 francs par assortiment de machines à
peigner ou à carder, et 1 fr. 50 c. par chaque
centaine de broches, jusqu'au maximum de
600 francs.

Imprimeur d'étoffes et de fils.

Pour 25 tables et au-dessous, 50 francs ; plus
3 francs par table en sus, jusqu'au maximum de
400 francs.

Un rouleau comptera pour 25 tables, 4 perro-
tines pour un rouleau, et 4 planches plates également pour un rouleau.

Lacets et tresses en laine ou coton (Fabrique de)
par procédés mécaniques, pour 500 broches ou
fuseaux et au-dessous...................... 10

Plus 1 fr. 50 c. par chaque centaine de
broches ou de fuseaux en sus, jusqu'au maximum
de 400 francs.

Machines à vapeur, métiers mécaniques pour la
filature et pour le tissage, et autres grandes machines (Constructeur de)...................... 25

Plus 3 francs par ouvrier, jusqu'au maximum
de 500 francs.

Métiers (Fabrique à)

2 fr. 50 c. par métier, jusqu'au maximum de
600 francs.

Sont exemptés de la patente (loi du 10 juin 1853,
art. 13), les fabricants à métiers à façon ayant
moins de dix métiers.

Lorsque les fabricants à façon ont dix métiers
ou plus, le droit fixe est pour eux réductible à la
moitié.

Tubes en papier pour filatures (Fabrique de) par
procédés mécaniques........................ 5

Plus 5 francs par chaque métier jusqu'au maximum de 100 francs.

5e PARTIE

DROIT PROPORTIONNEL.

Au 15e sur la maison d'habitation seulement.

Bac (Fermier de).. 5
> Plus 2 francs par 1,000 francs du prix de ferme, jusqu'au maximum de 200 francs.

Bois sur pied (Entrepreneur par adjudication de l'abattage et du façonnage des)............... 3
> Plus 2 francs par 1,000 francs du prix de l'entreprise, jusqu'au maximum de 100 francs.

Carrières souterraines ou à ciel ouvert (Exploitant de)..................................... 5
> Plus 3 francs par ouvrier, jusqu'au maximum de 200 francs.

Cendres noires (Extracteur de)................ 5
> Plus 3 francs par ouvrier, jusqu'au maximum de 200 francs.

Chaises (Loueur de)........................... 3
> Plus 2 francs par 1,000 francs du prix de ferme, jusqu'au maximum de 100 francs.

Concerts publics (Entrepreneur de): le quart d'une recette complète, si les concerts ont lieu plus de trois fois par semaine ; le huitième, si les concerts n'ont lieu qu'une, deux ou trois fois par semaine,

Desséchement (Entrepreneur de travaux de)...... 50

Dragueur (Entrepreneur).......................... 50

Entrepreneur de l'éclairage à l'huile............ 5
> Plus 2 francs par 1,000 francs du montant des entreprises, jusqu'au maximum de 300 francs.

Fabrication dans les prisons, etc. (Entrepreneur de), pour un atelier de 25 détenus et au-dessous. 25
> Par chaque détenu en sus, 50 centimes jusqu'au maximum de 500 francs.

Fabrication dans les dépôts de mendicité (Entrepreneur de), moitié du droit ci-dessus fixé pour les entrepreneurs de fabrication dans les prisons.

Flottage (Entrepreneur de)........................ 25

Fontaines publiques (Fermier de)................ 5

    Plus 2 francs par 1,000 francs du prix de
ferme, jusqu'au maximum de 100 francs.

Fournisseur général dans les prisons et dépôts de
mendicité.

    A forfait et par tête de détenu, pour une popu-
lation de 300 détenus et au-dessous,......... 150

    Par 100 détenus en sus, 25 francs, jusqu'au
maximum de 500 fr.

Fruits sur bateaux (Marchand de)................ 50

Fruits et légumes (Marchands de) (expéditeurs par
chemins de fer ou bateaux de)................. 50

Gare (Entrepreneur de)........................... 100

Halles, marchés et emplacements sur les places
publiques (Fermier ou adjudicataire des droits
de)... 5

    Plus 2 francs par 1,000 francs du prix de
ferme, jusqu'au maximum de 300 francs.

Jaugeage de liquides (Adjudicataire des droits de). 3

    Plus 2 francs par 1,000 francs du prix d
ferme, jusqu'au maximum de 100 francs.

Madragues (Fermier de)........................... 25

Mesurage (Fermier des droits de)................ 3

    Plus 2 francs par 1,000 francs du prix de
ferme, jusqu'au maximum de 100 francs.

Minières non concessibles et extraction de minéral
de fer (Exploitant de)......................... 5

    Plus 3 francs par ouvrier, jusqu'au maximum
de 200 francs.

Octroi (Adjudicataire des droits d')............. 5

    Plus 2 francs par 1,000 francs du prix des ad-
judications, jusqu'au maximum de 500 francs.

Pêche (Adjudicataire ou fermier de)............. 3

    Plus 2 francs par 1,000 francs du prix de
ferme, jusqu'au maximum de 100 francs.

Pesage (Fermier des droits de)................... 3

    Plus 2 francs par 1,000 francs du prix de
ferme, jusqu'au maximum de 100 francs.

Restaurateur sur coches et bateaux à vapeur...... 50

Spectacles (Directeur de) :

    1° Le quart d'une représentation complète dans les théâtres où l'on joue tous les jours ;

    2° Le huitième si l'on ne joue pas tous les jours, et si la troupe est sédentaire ;

    3° Si la troupe n'est pas sédentaire, c'est-à-dire si elle ne réside pas quatre mois consécutifs dans la même ville...................... 50

Spectacles, bals, concerts et autres réunions semblables (Adjudicataire ou fermier des droits à percevoir au profit des pauvres dans les)....... 5

    Plus 2 francs par 1,000 francs des prix de ferme, jusqu'au maximum de 300 francs.

Tourbières (Exploitant de)...................... 5

    Plus 3 francs par ouvrier, jusqu'au maximum de 200 francs.

Travaux publics (Entrepreneur de)............... 5

    Plus 1 franc par 1,000 francs du montant annuel des entreprises, jusqu'au maximum de 1,000 francs.

Viandes (Marchand expéditeur de)................ 50

═══

TABLEAU D.

EXCEPTIONS

A LA RÈGLE GÉNÉRALE QUI FIXE LE DROIT PROPORTIONNEL AU VINGTIÈME DE LA VALEUR LOCATIVE.

§ 1er. Le droit proportionnel est fixé au QUINZIÈME :

1° Pour les patentables compris dans la 1re classe du tableau A

2° Pour les patentables compris dans le tableau B ;

3° Pour les patentables compris dans la première partie du tableau C.

§ 2. Il est également fixé au QUINZIÈME, mais sur la maison d'habitation seulement, pour les patentables compris dans la cinquième partie du tableau C.

§ 3. Le droit proportionnel est fixé au VINGT-CINQUIÈME de la valeur locative des établissements industriels compris dans la deuxième partie du tableau C.

§ 4. Au TRENTIÈME de la valeur locative des locaux servant à l'exercice des professions ci-après désignées :

Marchands de bois en gros compris dans la première classe du tableau A ;

Marchands de charbon de bois et de charbon de terre, compris dans la première et la deuxième classe du tableau A ;

Marchands de vins en gros ;

Commissionnaires entrepositaires de vins ;

Marchands d'huiles en gros.

§ 5. Au QUARANTIÈME de la valeur locative :

1° De tous les locaux occupés par les patentables des 7e et 8e classe du tableau A, mais seulement dans les communes d'une population de 20,000 âmes et au-dessus ;

2° Des établissements industriels compris dans la troisième partie du tableau C ;

3° Des locaux servant à l'exercice des professions ci-après désignées :

Fabricants de gaz fournissant l'éclairage des villes autres que la ville de Paris ;

Imprimeurs-typographes employant des presses mécaniques ;

Maîtres d'hôtel garni ;

Loueurs en garni ;

Loueurs de force motrice ;

Individus tenant des maisons particulières :

D'accouchement,

De santé,

De retraite,

Des établissements d'orthopédie ;

Magasiniers ;

Entrepreneurs de roulage,

De bains publics,

De bains de rivière en pleine eau ;

De bains de mer dits *à la lame,*
De cabriolets, fiacres et autres voitures semblables.
D'omnibus.
Du logement des troupes de passage,
De la distribution des eaux,
D'établissement pour les courses de chevaux ;
attres de jeu de paume ;
—   de gymnase ;
dividus tenant un manége d'équitation,
Une école de natation,
Un jardin public,
Un lavoir public,
Un parc à charrettes,

6. Au CINQUANTIÈME de la valeur locative des établissements industriels compris dans la quatrième partie du
tableau C.

7. Payant le droit proportionnel au VINGTIÈME, sur les
maisons d'habitation seulement :
es concessionnaires, exploitants ou fermiers des droits
d'emmagasinage dans un entrepôt ;
es fournisseurs d'objets de consommation, dans les cercles
ou sociétés ;
es directeurs de diorama, panorama, géorama, néorama ;
es concessionnaires exploitants ou fermiers de péage sur
un pont ;
es concessionnaires ou fermiers d'abattoir public ;
es directeurs des monnaies.

8. Sont exempts de tout droit proportionnel :
es patentables des 7e et 8e classes, résidant dans les communes d'une population inférieure à 20,000 âmes ;
s exploitants de moulins à bras, pour la valeur locative
de ces usines.

9. Professions assujetties seulement au droit proportionnel
(le droit proportionnel au QUINZIÈME) :
chitectes.
ocats inscrits aux tableaux des cours et tribunaux.
ocats au conseil d'État et à la cour de cassation.
oués.

18

Chirurgiens-dentistes.
Commissaires-priseurs.
Docteurs en chirurgie.
Docteurs en médecine.
Greffiers.
Huissiers.
Ingénieurs civils
Mandataires agréés par les tribunaux de commerce.
Notaires.
Officiers de santé.
Référendaires au sceau.
Vétérinaires.
Chefs d'institution, maîtres de pension. (Les locaux affecté
au logement et à l'instruction des élèves ne seront pa
compris dans l'estimation de la valeur locative.)

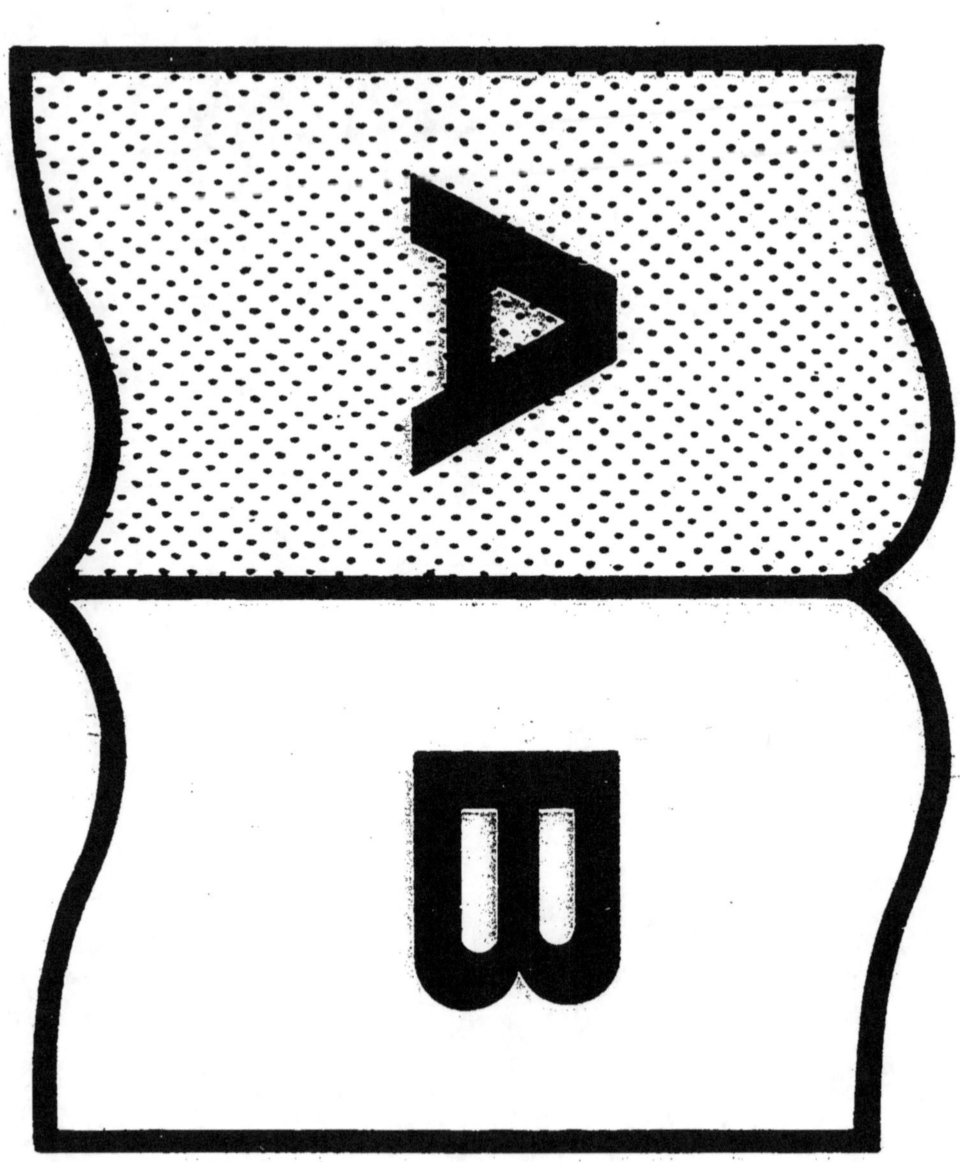